定东陵鸟瞰(慈安陵右、慈禧陵左)

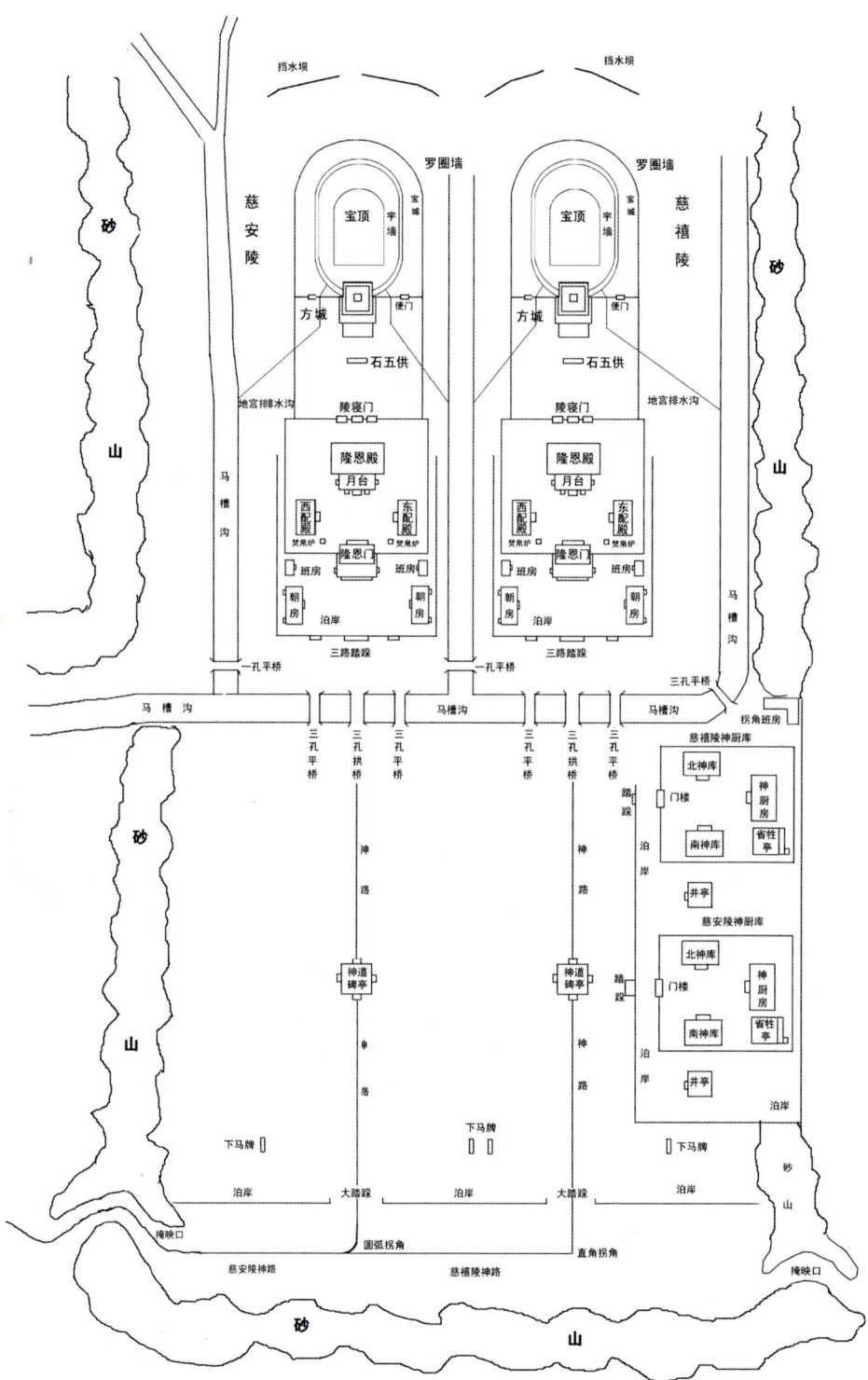

定东陵平面示意图（绘图 徐鑫）

图中左（高）为慈安陵东下马牌，右（低）为慈禧陵的西下马牌

因为两座定东陵——慈安陵和慈禧陵并排建立，所以这两陵的四座下马牌处于一条直线上，成为清陵中的一道风景。

慈禧陵东朝房

慈禧陵的东西朝房都是单檐硬山顶,面阔五间,有前廊,后面有两个砖砌的烟筒。

慈禧陵隆恩门

慈禧陵隆恩门，面阔五间，进深两间，有门口三个。凡关内清朝的陵寝，无论是帝后陵还是妃园寝，宫门都只安天花支条而无天花板。两座定东陵的中门南面的门槛上方，天花支条之上悬挂斗匾，分别题"隆恩门"三字，都是用满、蒙古、汉三种文字。

慈禧陵西配殿

慈禧陵西配殿内砖雕"五福捧寿"

　　慈禧陵西配殿的檐墙和山墙，全部用澄浆砖干摆灌浆砌成，墙面平整光洁，异常坚固。内部上部方砖陡砌，雕刻着"五福捧寿""四角盘长""卍（万）字不到头"的图案。其中"五福捧寿"为五只展翅向中心飞翔的蝙蝠，围绕着一个圆形"寿"字，寓意福寿。殿内壁的所有雕砖图案全部筛扫红黄金。

慈禧陵东配殿廊心墙砖雕

慈禧陵东西配殿前廊两端的廊谊墙中心雕刻卍不到头图案，边框分别环以回纹、掐珠子、缠枝宝相花，全部筛扫红黄金，非常精美，其雕刻技艺和寓意与殿内雕砖图案保持了一致。配图为东配殿北廊心墙，金粉已被歹人刮掉。

慈禧陵隆恩殿

慈禧陵的隆恩殿和东西配殿都是后来重建的，三殿内外装修极为精美豪华，堪为清陵之冠，主要表现在以下几个方面：木料除斗栱外，全部改用极为名贵的黄花梨木；彩画改用等级最高的和玺彩画，全部贴金；内墙壁上身雕刻五蝠捧寿、四角盘长、卍不到头图案，寓意"万福万寿""福寿绵长""福寿万代"，全部筛扫红黄金；三殿外露的64根柱子上，每根柱子上都盘绕着一条半立体的镀金铜龙，间以镀金的八宝、蝙蝠、祥云图案；三殿外墙壁用澄浆砖干摆到顶，顶部拔檐砖上雕刻"万蝠流云"吉祥图案；隆恩殿内的三间暖阁之上的27个横披窗窗棂都是卍不到头图案，间以蝙蝠；每块天花板沥粉一条正龙，全部贴金。三殿内外，金碧辉煌，精美豪华，美轮美奂，无以复加。以上这些装修不仅明清两代的皇陵中独此一份，就是气势恢宏的紫禁城中都难以找到。

慈禧陵隆恩殿月台前的丹陛石

慈禧陵隆恩殿前的御路石是重修时重新雕制的，虽然仍保留了原来的"凤上龙下"的图案，却采用了高浮雕和透雕的技艺，有十个部雕透雕通，在上横边上增加了团寿、蝙蝠、石榴、桃等吉祥图案，从而使这块御路石立体感强烈，栩栩如生，更为精美，堪为石雕艺术中的精品。

慈禧陵陵寝门

　　陵寝门是后寝的门户,也有称三座门、琉璃花门的。定东陵的陵寝门是明清两朝皇陵陵寝门中等级最高最精美的,主要表现在以下几个方面:其他帝后陵的陵寝门,只有中门有琉璃斗栱,两角门没有斗栱,只有冰盘檐子,而定东陵的陵寝门三个门都有琉璃斗栱;其他帝后陵的陵寝门,只有中门的门垛上有琉璃的中心花和岔角花,两角门没有。而定东陵的陵寝门,三个门的门垛都镶嵌前琉璃的中心花和岔角花;其他帝后陵的陵寝门,只有中门的门垛下碱是青白石须弥座,两角门没有。而定东陵的陵寝门,三个门的门垛下碱都有青白石须弥座。此图为慈禧陵的陵寝门,配以两陵的明楼,更增加了画面的美。

慈禧陵石五供及方城明楼

  慈禧陵的石五供由须弥座形的祭台和一个香炉、二个花瓶、二个烛台组成。祭台的上枋雕刻缠枝莲花，上下枭雕刻仰伏莲花瓣，下枋雕刻八宝、暗八仙和各种吉祥图案，如事事如意、琴棋书画等。香炉上的炉顶、花瓶上插的灵芝、烛台上的蜡烛和火焰都是用名贵的紫砂石雕刻的，可惜未能保留下来。明楼建在方城之上，重檐歇山顶，南面两檐之间曾挂斗匾一方，文字是"菩陀峪定东陵"，满文居中，蒙古文在左（东），汉字在右（西）。清陵明楼带券脸石始自定陵。洁白弧形的券脸石镶嵌在朱红的檐墙上，红白分明，使得明楼格外秀美。

慈禧陵明楼硃砂碑

慈禧陵明楼内的朱砂碑，碑首雕刻有双龙戏珠，碑额上有楷书"大清"二字，碑身正面镌刻"孝钦显皇后之陵"七字，无论碑额、碑身还是斗匾上，都是用了满、蒙古、汉三种文字，满文居中，蒙古文居左，汉文居右。碑座为须弥座形，搭袱子。袱子四角各坠古钱一个。前后袱子上各雕刻一正龙，两侧袱子上各雕刻升龙一条。袱子边框雕刻卍不到头图案。朱砂碑座搭袱子始自定陵。定东陵的朱砂碑及座上的颜色还保留不少，制作十分精美。

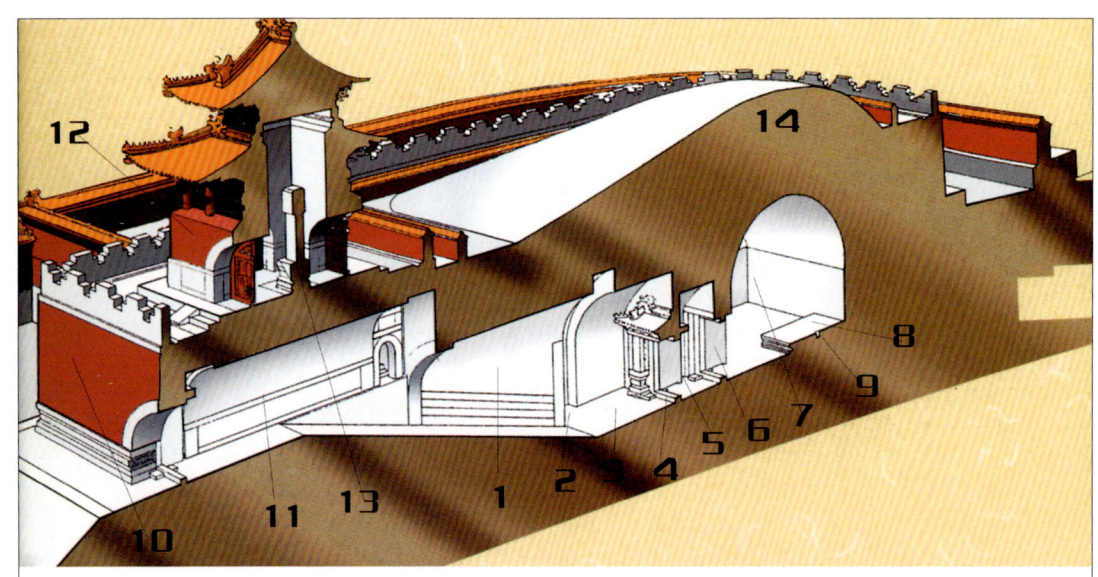

1. 地宫隧道券 2. 闪当券 3. 罩门券 4. 石门 5. 门洞券 6. 石门 7. 金券 8. 棺床 9. 金井 10. 方城 11. 方城隧道券 12. 明楼 13. 朱砂碑 14. 宝顶

慈禧陵地宫剖面图

　　慈禧陵地宫由五券二门构成，地宫进深24.81米，落空面积154平方米。除隧道券和闪当券为砖券外，其他均是石券。

慈禧陵方城隧道券内的地宫入口及东西扒道口

慈禧陵地宫第一道石门外景

慈禧陵地宫棺椁 （1979年修复）

　　慈禧的棺椁为标准的葫芦材，内为棺，外为椁。内棺内外阴雕藏文经咒，字填金。底纹为卍不到头图案。漆饰四十九次漆，最外层是满扫金。现在看到的红色是修补的红漆，尚未扫金。入葬后，棺椁头朝里（北墙），局尾朝外。现在慈禧的遗体是一具干尸，仍躺在棺内，保留着1928年溥仪派皇室遗臣重殓时的原状。

大清皇陵之迷雾中的慈禧陵

徐鑫 ○ 著

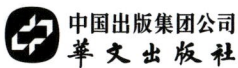
华文出版社

图书在版编目（CIP）数据

大清皇陵之迷雾中的慈禧陵 / 徐鑫著 . -- 北京：华文出版社 , 2021.6
ISBN 978-7-5075-5431-1

Ⅰ.①大… Ⅱ.①徐… Ⅲ.①西太后（1835-1908）
-陵墓-介绍 Ⅳ.① K928.76

中国版本图书馆 CIP 数据核字（2021）第 054635 号

清皇陵之迷雾中的慈禧陵

作　　者：徐　鑫
责任编辑：方昊飞
出版发行：华文出版社
地　　址：北京市西城区广外大街 305 号 8 区 2 号楼
邮政编码：100055
网　　址：http://www.hwcbs.com.cn
电　　话：编辑部 010-63430751　发行部 010-58336202
　　　　　总编室 010-58336239
经　　销：新华书店
印　　刷：北京画中画印刷有限公司
开　　本：710mm×1000mm　1/16
印　　张：18 彩插 1
字　　数：180 千字
版　　次：2021 年 6 月第 1 版
印　　次：2021 年 6 月第 1 次印刷
标准书号：ISBN 978-7-5075-5431-1
定　　价：68.00 元

版权所有，侵权必究

前　言

　　清朝，是我国封建社会的最后一个王朝。在清朝统治中国的二百六十八年当中，有两个女人的地位举足轻重，她们对清王朝的荣辱盛衰产生了巨大的影响：一个是清朝初期在幕后辅佐两代幼主的孝庄文皇后；另一个则是清末两度垂帘听政、玩两帝于股掌之间的慈禧皇太后。

　　孝庄文皇后辅佐清朝两个皇帝时期，大清帝国由弱转强，国力蒸蒸日上，逐渐达到鼎盛；而慈禧垂帘听政时期，清朝日薄西山，最后走向了灭亡。虽说时代背景不同，但与慈禧的统治不能说没有关系。日本通过明治维新，使其由被侵略国家变成了侵略国家，跻身霸权主义国家的行列。中国的慈禧则通过"绞杀"光绪帝的"戊戌变法"，使她再次登上了中国封建王朝的政治高峰，但接下来的则是外国列强的大举入侵和慈禧的西逃。《辛丑条约》的签订，使中国彻底陷入了半封建半殖民地社会的深渊，中国人民陷入水深火热之中。然而，作为中国最高统治者的慈禧，依然活得风风光光，享尽了世间的荣华富贵。

亲生儿子同治帝的病死、儿媳妇孝哲毅皇后的暴亡、光绪帝的软禁和最终不明不白的死亡、珍妃的惨死井中，更加说明了慈禧的本性：残忍。

尽管大清帝国内忧外患，财政紧张，但慈禧在营建自己的陵寝上依然铺张扬厉，毫不将就，使她的陵寝在重修后更加精美豪华，成为清陵之冠。

1908年11月，慈禧去世。她死后的大清帝国更是气息奄奄，行将灭亡。她在死前再次为大清帝国处心积虑地做了一次人事安排……她的丧事依然办得风风光光的。

1909年11月15日，慈禧葬入清东陵的菩陀峪定东陵。当她躺在填满稀世珍宝、雕满佛经咒语的楠木红漆内棺中，带着心满意足的梦想、畅游于另一个世界的时候，1928年的夏天，一股军匪的到来打破了她的美梦，大清帝国最高贵的女人被抛尸棺外，还被扒光了衣服……

1979年2月17日，慈禧陵地宫被打开，其神秘面纱被正式揭开，慈禧和她的秘密也随之大白于天下。

笔者生活在紧邻清东陵的马兰峪，在清东陵工作过十几年，耳听目睹之下了解和掌握了许多关于慈禧在清东陵的逸事，因此，自己的清史知识也有所增加。现在社会上关于清宫题材的影视文艺作品很多，但大多数都是带有娱乐性、戏说之类的内容，这对于青少年识别历史的能力提出了考验，他们无法正确识别出其是艺术创作还是真实历史。本书的写作初衷是把笔者所了解的有关慈禧及其陵寝方面的真实情况写出来,告诉广大读者,以正视听。

这本书稿的写作,是在笔者父亲徐广源先生和许多清史前辈的支持下,查阅审核了很多慈禧档案以及有关慈禧的多部著作,并在实地亲自调查的基础上完成的,力图用自己的眼光和角度来还原真实的慈禧及其陵寝。慈禧是不是现在很多人想为其翻案的那种女人,为慈禧翻案纯粹是为了炒作还是别有用心,相信大家看了本书之后,自然会明白。写此书的另一个主要目的是把过去的、重要的、被人忽视的但有价值的历史过程留给后人,共同分享历史研习的乐趣。

目 录

第一章　帝国的落日　　　　　　　／01

慈禧之死　　　　　　　　　　　　　／03

女人、太监、大清国　　　　　　　　／11

第二章　平地一声雷　　　　　　　／33

路透社：抓住了一个军官　　　　　　／35

逃兵供出了实情　　　　　　　　　　／43

开来了一支军队　　　　　　　　　　／46

皇陵深处响起了爆炸声　　　　　　　／50

第三章　横空出世　　　　　　　　／63

清东陵：天赐佳壤　　　　　　　　　／65

慈禧：这个方案比较满意　　　　　　／72

陵址：一个艰难的选择　　　　　　　／83

非同一般的建筑　　　　　　　　　　／90

第四章　最豪华的女人墓地　　/ 101

陵墓位置的尊贵　　/ 103

两个女人的较量　　/ 107

重修陵寝　　/ 115

不入主流的困惑　　/ 127

第五章　追踪历史密码　　/ 131

进入皇宫的女人　　/ 133

慈禧：满人？汉人？　　/ 138

"老佛爷"　　/ 148

第六章　再现宫廷凶险　　/ 151

慈禧生儿子，一步登天　　/ 153

小两口双双毙命　　/ 161

想起了死在井里的珍妃　　/ 176

光绪帝：病死？他杀？　　/ 183

第七章　风声、雨声、脚步声　　/ 195

两份珍贵的日记　　　　　　　　/ 197
军事法庭：虚张声势　　　　　　/ 209

第八章　陵园"探宝"大行动　　/ 217

执着的守望　　　　　　　　　　/ 219
从盗洞口爬进了地宫　　　　　　/ 225
遗存的文物和保护　　　　　　　/ 233
两份藏宝图的推断　　　　　　　/ 245
揭开最后的面纱　　　　　　　　/ 248

第九章　意外的发现　　/ 255

慈禧：一具完整女尸　　　　　　/ 257
一盘录像带的故事　　　　　　　/ 265

尾　　章　　　　　　　　　　　/ 273
参考文献　　　　　　　　　　　/ 277

第一章
帝国的落日

一篇来自海外的报道，以外国人的独特视角，全面解读了中国大清王朝1908年两个历史巨人间的生死存亡关系以及当时的政治局势。大清王朝的衰败，与大清皇室女人掌政、太监干政似乎有着某种特殊的内在联系。一个号称"老佛爷"的女人死了，大清国的另一个女人则登上了政治舞台，但是没过多久，大清帝国倒台了……

慈禧之死

　　1908年11月16日，美国《纽约时报》刊发了这样一篇新闻报道：

　　慈禧皇太后于今天下午2点钟去世。慈禧皇太后是大清国的独裁者。她从1861年以来就一手操纵清国政局，期间没有任何人成功地阻挠过她。并且，自从1881年起至今，再也没有人起来反对过她。

　　清国官方已正式宣布皇太后驾崩，而官方刚刚才宣布了光绪皇帝的死讯，称光绪皇帝于昨天下午5时驾崩。这两项宣布在时间上相隔得如此之近！但这里的人们相信，在官方向外颁布讣告前，皇帝陛下和皇太后已经死了很长时间了。

今天早上8点钟，清廷颁布诏书，宣布溥仪王子殿下已登基成为新帝。溥仪是大清帝国摄政王醇亲王的儿子，今年才三岁。这项诏书是依照皇太后在醇亲王成亲时所做出的承诺而颁布的。上星期五颁布的一项诏书，宣布溥仪为清国皇位继承人。

…………

皇帝和皇太后孤独地死去

流传了三千年的传统丧葬仪式宣告了皇帝陛下和皇太后的过世。临终时，虽然在他们身边围绕着一群身份低下的守护者，但却很孤单地、未被人注意地死去了，因为这些看护者不能接近他们神圣的君主，与他们的主子保持着一丈以内的距离。皇帝陛下就这样死了，因为他没有接受任何科学的救助。数月来，他都一直拒绝让外国医生为他诊治病情。并且，虽然据传他曾求助于中国古老医术，但人们相信，后来他就再也没接受任何治疗了。

清廷公布称，皇太后在上周五最后接见庆亲王时，神志时而清楚时而昏迷。她同意清廷宣布溥仪殿下为皇储以及醇亲王为帝国摄政。庆亲王是皇室成员，满族，他在义和拳叛乱开始时是清国宫廷大臣，并兼任负责京城安全的九门提督。

慈禧像

外国使馆的官员们就是指望着庆亲王能保护他们的人身安全。庆亲王身兼数职并深得朝廷信任。

此消息一出，立刻引起了世人广泛关注，正如文章所说，1908年11月的大清帝国发生了三个重大的政治变化：光绪帝死亡、慈禧死亡和新皇帝登基。人们对此议论纷纷，猜测大清皇室内部究竟发生了什么？

本来，慈禧的死并没有引起人们的怀疑，在人们的思想中，尽管慈禧享受着当时最好的医疗和生活待遇，但她毕竟是七十多岁的老人，身体状况也不是很好，在时间面前，大自然生死法则并不会因为她的尊贵而网开一面。而令人们感到怀疑的是光绪帝的死太蹊跷：虽然有病，但毕竟年轻，光绪帝怎么会死？并且在他死后不到二十小时，慈禧也死了？

《崇陵传信录》记载："有谮上者，谓帝闻太后病，有喜色，太后怒曰：'我不能先尔死'。"

据清宫档案记载，慈禧在年轻的时候，就有月经不调之症，以后又陆续患过喘咳、痔疮、面风、腹泻、肠胃不和等病症。慈禧在七十岁以后，身体开始出现日益衰弱的迹象。一位曾经陪伴慈禧的女官德龄在《瀛台泣血记》中写道："太后根本已没有什么精神来监视光绪。因为她老人家已经病了，国事的棘手，和年龄的增长，终于也使她进入了每个人所不能避免的老倦的阶段。最近她除掉还能进些饭食之外，一切的政事，都完全不问，每天只在宫内服药将息。"光绪三十四年（1908）六月以后，慈禧已经明显感到身体不适。九月，慈禧又患了腹泻病，且久治不愈。

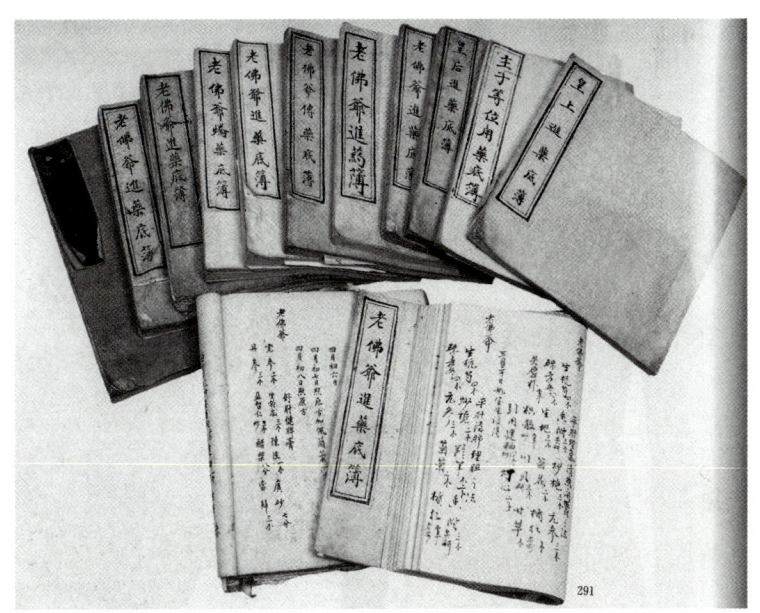

光绪帝、皇后、老佛爷(慈禧)等用药底簿

十月初十日(11月3日)慈禧庆祝完自己的七十四岁大寿后,因为劳累,身体更加虚弱。据清宫《内起居注》记载,自十月十六至十九日,慈禧没有政务活动。这说明慈禧的病情加重了。光绪三十四年十月二十日(1908年11月13日),慈禧在这一天也就是光绪帝死前的一天,连续发布了两道懿旨。

第一道懿旨:将醇亲王载沣的三岁儿子溥仪抱进皇宫抚养。

第二道懿旨:将醇亲王载沣封为摄政王。

这两道懿旨的发布,给人的印象就是慈禧在安排光绪帝后事了。因为如果光绪帝死了大清国不能没有新君,不能没有掌管朝政的大臣,而光绪帝没有后代,因此慈禧就先抱来一个小孩,等待接替光绪帝的皇位,但并没有明确说这个小孩的身份是皇子。而这个孩子的父亲则被任命为摄政王。为了使这一切能够顺利实施，慈禧在实施计划之前，将能影响她计划的军机首辅重臣庆亲王奕劻调走，令其到东陵验收刚刚竣工的菩陀峪万年吉地工程。而计划实施的结果就是光绪帝死了，而且是死得很快。在慈禧发布两道懿旨后的第二天，光绪帝就如慈禧所愿地死了，她所接进宫的载沣的三岁儿子溥仪也就当上了新皇帝。看到结果如此顺利，慈禧特

幼帝溥仪与摄政王载沣

别开心。在光绪帝死后的当天即光绪三十四年十月二十一日（1908年11月14日）慈禧又颁发三道懿旨：

一、朝会大典、常朝班次，摄政王著排在诸王之前。

二、摄政王载沣的儿子溥仪为大清皇帝。

三、溥仪即位，是继承同治帝皇位，即溥仪算是过继给同治帝的儿子，但同时也是光绪帝的儿子。

慈禧的懿旨有些意思，即溥仪是以摄政王载沣儿子的身份继承皇位，继承的是同治帝的皇位。继承皇位后是同治帝继子，兼光绪帝继子。理由是："前因穆宗毅皇帝未有储贰，曾于同治十三年十二月初五日降旨：大行皇帝生有皇子，即承继穆宗毅皇帝为嗣。现在大行皇帝龙驭上宾，亦未有储贰。"这个理由冠冕

堂皇，从法律上讲很充分，但却从道理上显示出慈禧的私心，那就是她不喜欢光绪帝，所以溥仪继承的是同治帝的皇位而不是光绪帝的皇位。虽然溥仪也算是光绪帝的儿子，但在排名上，同治帝在前，光绪帝在后。不过，这样的安排，使得大清皇帝的继承回归到了正常轨道，延续了同治帝血脉，避免皇位出现更大的分支，即咸丰帝—同治帝—宣统帝，而非咸丰帝—光绪帝—宣统帝，光绪帝成为皇位继承史上的一个小插曲，非主流的，一闪而过。这也就解释了为什么溥仪进入皇宫并未像之前那个大阿哥一样的身份是皇子，因为如果进了皇宫是皇子身份，则是光绪帝的皇子而非同治帝的皇子。

光绪帝死后的第二天，慈禧的病情也加重了，她似乎感到了自己这次也在劫难逃。在生命弥留之际，慈禧想到的依然是政治

摄政王载沣像

监国摄政王宝及宝文

权力：假如她死后，大清权力谁来掌握？于是她发布懿旨：

昨经降旨，特命摄政王为监国，所有军国政事，悉秉承予之训示，裁度施行。现予病势危笃，恐将不起，嗣后军国政事，均由摄政王裁定。遇有重大事件，必须请皇太后懿旨者，由摄政王随时面请施行。

慈禧的这道懿旨告诉人们，载沣虽是监国，有管理朝政的权力，但国家重要事情还是由皇太后（即慈禧的侄女、光绪帝的皇后叶赫那拉氏）决定。慈禧为什么要做出这样的决定呢？

慈禧深知，她的专权带给侄女的不是幸福，而是悲剧。对于一个普通平凡的女人来说，需要的是夫唱妇和的夫妻生活，而光绪帝死了，剩下的就只是一个寡妇，寡妇的日子是很艰难的。她知道侄女没有什么才能，所以没有让她垂帘听政，而是安排了摄政王辅政。为了弥补对侄女的精神愧疚，让侄女不致有失落感，慈禧决定把大清国的部分权力交给她，于是规定：假如我一病不起的话，国家大事由摄政王裁定，但重大事情必须请示皇太后才能施行。就是这样的规定，使得自己的侄女——隆裕掌握了大清国的至高权力。

光绪三十四年十月二十二日（1908年11月15日）未时，统治中国长达四十八年之久的慈禧终于熬干了心血，病死在西苑的仪鸾殿，享年七十四岁。当天下午，掌仪司的首领太监用鹅黄吉祥轿将慈禧遗体从仪鸾殿抬到皇极殿。二十三日上午八时五分，在隆裕和瑾妃的敬视下，慈禧遗体被装殓入了棺椁，并停灵于皇极殿。

宣统元年（1909）正月二十二日，宣统帝给慈禧上谥号①"孝钦慈禧端佑康颐昭豫庄诚寿恭钦献崇熙配天兴圣显皇后"，简称"孝钦显皇后"。

宣统元年十月初四日（1909年11月16日），经过将近一年时间的各种繁杂礼仪之后，慈禧的棺椁被葬入她的独门独院的墓地——菩陀峪定东陵地宫里。自此，慈禧在人世间的事情算是完美地结束了，开始了她在另一个世界继续享乐的生活。

而此时的大清国不但如年高的老者，更似残阳西下，其政权不仅再次旁落在女人手里，而且还出现了不应该出现的另一类社会——"太监干政"。

女人、太监、大清国

中国的太监大概起源于公元前八世纪左右的君主专制制度形成时期。

太监，俗称"老公""公公"，在史书上，太监又叫"寺人""阉人""宦官"等。"太监"这一称呼，是明清时期才开始出现的。

太监与一般男人不同之处在于他身体少了一件器官——男性繁殖后代所必需的生殖器。说得文雅一些，把"割掉生殖器"叫

---

① "谥号"是中国古代帝后、诸侯、大臣等具有一定地位的人死后，按其生平事迹评定褒贬的称号。所谓"谥者，行之迹"，"是以大行受大名，细行受细名。行出于己，名生于人"。也就是说，根据死者的生平事迹表达褒贬之意，所谓"劝善戒恶"。谥号有帝王之谥，有臣属之谥。国家给谥的对象，包括帝王、嫔妃、百官以及其他建有功业、树有德行（如节妇烈女、孝子贤孙等）或卓有学问的人。清朝帝后谥号有固定程式，均为谥美之词。

作"去势"，也叫"阉割"。太监去了"势"之后，生理上也随之发生变化，最明显的特征是不再会长出胡须，说话嗓音尖细，像女人；由于没了"势"，缺乏性欲，也就无法进行正常的性交活动。这种人在后宫伺候后妃，不会使皇帝戴绿帽子，皇帝放心，所以历朝皇宫里都使用太监。

人分三六九等，太监也分等级。清朝的太监等级极其严格，设有专门管理太监的机构——"敬事房"，又谓"宫殿监办事处"。规定在督领侍下面设有大总管、副总管、带班首领、御前太监、殿上太监、一般太监和下层打扫处小太监。发展至清朝末期，太监等级更加复杂。在宫殿监中，就有总管、首领、掌案、回事和小太监之分；在各处所中又有首领、大师父、师父、带班、陈人、徒弟之别。如此层层节制，一级管一级，一级压一级，管理得非常严密。

清宫太监，大都是从民间招募的。今天的河北省青县、景县、河间市、大城县、南皮县、任丘市、涿州市以及北京郊区的昌平、平谷、大兴等处，都是出太监的地方。当太监的大多是穷苦人家的孩子，他们的父母因为生活所迫，忍痛把孩子送入宫中做了太监。特别是当一个地方出了几个发了财的太监，突然由穷变富，忽然间又盖房子又置地的，这种暴富的现象对那些走投无路的贫苦农民产生了极大的诱惑力，致使他们最终将孩子送到断子绝孙的悲惨道路上去。甚至一些已经结婚生子的青年也自愿净身做太监。他们在入宫时，每人可以得到一笔可观的安家费。入宫后，每月还可以按品级得到相应的"月薪"，按时领取一份"口粮"。根据《钦定宫中现行则例》的规定：四品宫殿监督领侍、正侍，

《钦定宫中现行则例》中的"太监事例"

即敬事房大总管和总管太监,每月能得到银八两、米八斛(清制,一斛为五斗)。而刚刚入宫的小太监,每月也能得二两银子、一斛半米。除了按月领取银米外,太监还可以经常得到名目繁多、数量不等的赏赐银两及物品,有时得到的赏赐及物品甚至超过他们的月薪和年薪。

清宫太监的招募由总管内务府下的会计司负责。会计司下设两个"牙行",具体负责太监的招募和"净身"手术的实施。

太监进入皇宫,必须经过严格的检验,不合格的太监是绝对不许进宫的。如果查出不合格的太监来,上至内务府大臣,下至敬事房的总管,都要受到严厉的处分。

顺治十年(1653),为了防止太监干预朝政,顺治帝对太监做出了严厉的规定,严禁他们干政、结交外官、私下交往,不许害民。

两年后，顺治帝再次发布严禁太监干涉朝政的一道上谕，并将此道上谕写在一块高一百三十四厘米、宽七十厘米、厚六点五厘米的铁牌上，立于交泰殿门前。这道上谕是这样写的：

中官之设，虽自古不废，然任使失宜，遂贻祸乱。近如明朝王振、汪直、曹吉祥、刘瑾、魏忠贤等，专擅威权，干预朝政；开厂缉事，枉杀无辜；出镇典兵，流毒边境，甚至谋为不轨，陷害忠良，煽引党类，称功颂德。以致国事日非，覆败相寻，足为鉴戒。朕今裁定内官衙门及员数职掌，法制甚明。以后但有犯法干政，窃权纳贿，嘱托内外衙门，交接满、汉官员，越分擅奏外事，上言官吏贤否者，即行凌迟处死，定不姑贷。特立铁牌，世世遵守。

顺治十二年六月二十八日

虽立有严厉规定，但仍有犯规者。首先为顺治帝所立的这道祖训家法祭刀的是他的宠信太监吴良辅。顺治十五年（1658），太监吴良辅参与了一件震惊朝野的勾结外官案。顺治帝不但未按自己所说的处理，反而将案中涉及的大臣免除死罪，并且将罪魁祸首太监吴良辅留在自己身边。为了保全吴良辅的性命，顺治十八年（1661）正月，以给皇帝当"替身"为由，顺治帝亲自将其送到法源寺出家。然而天网恢恢，疏而不漏。在顺治帝死后的第三天，已是皇帝替身的佛家弟子吴良辅还是被绑赴刑场斩首示众了。乾隆朝《钦定宫中现行则例》及《国朝宫史》规定：凡太监在宫外犯法的，由司法机关依国家法律审理治罪；凡太监在宫中犯法违纪，情节严重的交总管内务府审理治罪，情节较轻的由敬事房自行审理处分等。这就明确了太监的等级、职掌、待遇和管理权限。

光绪二十四年（1898）八月，戊戌变法失败后，光绪帝及珍妃分别被幽禁，他们身边的太监也因此受到株连，光绪二十四年（1898）八月十九日敬事房就奉慈禧的懿旨："内殿太监杨瑞珍、杨昌恩，内殿司房太监张得明及珍妃下太监戴恩如，此四名干预国政，搅乱大内，往来串通是非，情节较重，实属胆大妄为，著交内务府大臣即日板责处死。"

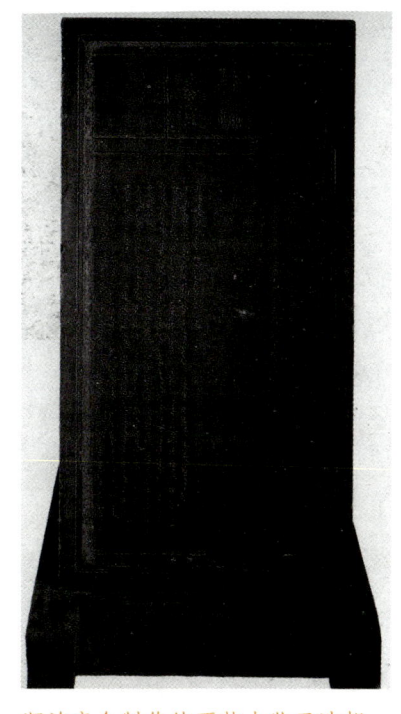

顺治帝命制作的严禁太监干涉朝政的交泰殿铁牌

有史料记载的干预朝政的太监是慈禧身边的寇连材。光绪二十二年（1896），年仅二十岁的太监寇连材因中日甲午战争中国战败而冒死上书慈禧，慈禧以"犯法干政"和"越分擅奏外事"的理由将其杀害。

太监进入皇宫只是被生活所迫，真正因当太监而发财的只是少数上层太监。大多数太监还是一贫如洗，默默无闻。至于像安德海、李连英和小德张那样名声显赫的是极为罕见的。因为在清朝的道光、咸丰朝以前，清朝的皇帝对太监的管理都极其严格，从不手软。只是到了清朝末年,由于慈禧的纵容,才出现了历史上大名鼎鼎的三大太监:安德海、李连英和小德张。

安德海,也叫安得海,生于道光二十四年(1844),直隶南皮西郊汤庄子人,父亲叫安邦太。清朝时的南皮县以出太监而著名。据说,一个南皮县几十年间,就出了二百多个太监,所以有民谣这样说:"南皮出太监,太监能近天('天'指皇帝)。吃得饱饱的,馋死庄稼汉。"

安德海年幼时,看到有些当太监的人成暴发户,得了"红眼病",于是自己割掉生殖器入宫当了太监。在清初,私自阉割是违法的。根据顺治三年(1646)的律例规定:凡私自阉割者,本人及下手之人均予处斩。后来又补充规定:该管官员一并治罪。尽管如此,私自阉割的人依然存在。乾隆四十八年(1783),直隶安肃县的王二格,由于家贫,把自己十一岁的儿子王成私自净身,事发后,父子均被捕抓进牢狱。后来,乾隆帝亲自审理此案,了解确认王氏父子家贫的事实后,将王氏父子释放,并将王成安排在热河行宫当差。因为这件事情,乾隆帝下旨取消了严禁私自阉割这一禁令。所以,在咸丰朝,安德海的私自阉割行为是能顺利过关的。

咸丰七年(1857),安德海入宫后,被分配到懿贵妃(即后来的慈禧)的储秀宫当差。由于安德海天生聪明伶俐,很会来事,因此深得慈禧的喜爱,慈禧甚至赐予他一个十分亲昵的爱称:灵珊。慈禧喜欢给身边小太监起名,曾给身边四个小太监起名:"得平""得安""得如""得意",以取"平安如意"之意,据说李连英的"连英"也是慈禧起的。但自李连英之后,未见慈禧再给其他太监起名。影视剧和文学作品中称,慈禧常称安德海为"小安子"。也有传说，安德海作为慈禧身边的小太监，在咸丰帝死于承德避暑山庄后，两宫皇太后与恭亲王奕䜣等联合发动的"辛酉政变"中，冒死为其通风报信立下大功，并从此得到慈禧的宠信。此说不足为信。

同治七年（1868）七月，安德海被赏七品顶带；两个月后，安德海又被赏六品顶带蓝翎。其升迁之快，实在令人吃惊。这就使一些谣言开始流传：安德海虽然是个太监，是个阉人，但他六根未净，性欲极旺，使慈禧在生理上得到了充分的满足。加之安德海善于察言观色，凭着点小聪明，慈禧所传办的各种事情他总能圆满完成。安德海属于小人得志，依仗着慈禧的权势，狐假虎威，横行霸道，不仅引起了朝廷内外的不满，也惹恼了少年天子同治帝。同治帝虽然年幼，但对于历史上权宦专权的事很是清楚。他见安德海仗势欺人，便把安德海比作明代的大太监魏忠贤，对安德海恨之入骨，但因没有亲政，大权在母后手里，所以也是无能为力。同治帝曾做一些泥人当作安德海，用宝剑削去泥人头来发泄心中的愤恨。据说，安德海对此也有耳闻，可他却仗着慈禧的庇护，对此毫不在意。不仅如此，安德海也不把慈安放在眼里。慈安虽然对安德海并不十分在意，但为了警告一下慈禧，她心中埋下了除去安德海之意。安德海还得罪了恭亲王奕䜣，奕䜣曾气愤地说："非杀安，不足以对祖宗、振朝纲也。"由于安德海把皇家的重量级人物都得罪了，无形中使慈安、同治帝和恭亲王站在了同一条战线上，引起了他们的共愤，这样安德海非完蛋不可了。

同治八年（1869）六月，安德海在慈禧的授意下，打着为慈禧采办龙衣的旗号，由北京通州沿大运河坐船向南出发。据说，当初慈禧也曾为此有所担心，认为有违祖训，但经不住安德海的劝说："太后究竟慈明，连采办龙衣一事，都要遵照祖制。其实，太后要咋办，便咋办，若被'祖制'二字束缚，连太后都不得自由呢！"性骄气傲的慈禧被说得心里活动了才准许安德海外出。也有的说，安德海的出京与同治帝在旁边的怂恿有关。同治帝早想杀安德海，见安德海提出去南方为慈禧采办龙衣之事，于是提议最好去南方的广东，遂对安德海的一举一动了如指掌。接着同治帝降密旨命山东巡抚丁宝桢做好捕杀安德海的准备。

为了一路上寻欢作乐，安德海在北京城里选了十几个妓女同往。他们乘坐两只大船，船上插着写有"奉旨钦差""采办龙袍"的两面大旗。据说，为了表明自己的亲主子是当今慈禧皇太后，又在两面大旗之上竖起一面玲珑小旗，上面绘有一个太阳，太阳下面精绘一只三足乌鸦，意谓"西王母（慈禧）取食之使"。船只两旁还插有无数的龙凤旗帜，随风飘扬。船上鼓乐喧天，热闹非凡。他们浩浩荡荡地出发了。安德海万万不会想到他这一次竟是有去无回。

山东巡抚丁宝桢接到同治帝的密旨后不敢怠慢，立刻布置，对安德海的行动严密监视。他密嘱德州知州赵

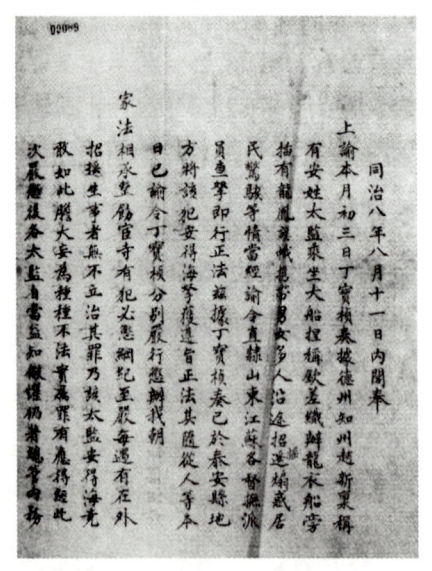

军机处《上谕档》关于处死安德海的上谕

新如:"传闻安德海将过山东,如见有不法事,可一面擒捕,一面禀闻。"当安德海进入山东境内时,丁宝桢一面将安德海"僭拟无度,招摇煽惑"上奏,一面饬令泰安知府程绳武逮捕安德海。程绳武惧怕安德海,跟在安德海座船后面三天不敢动手。丁宝桢又命总兵王正起带兵追赶。王正起不负众望,将安德海拿获,送到济南。

安德海被拿获后,丁宝桢立即升堂审问。安德海竟口出狂言道:"我奉皇太后之命,到广东采办龙衣,汝等自速死耳!"丁宝桢当即斥责道:"宦竖私出,非制,且大臣未闻有命,必诈无疑。"与此同时,北京的朝廷在慈安和同治帝的主持和支持下,恭亲王奕䜣和军机大臣文祥、宝鋆、沈桂芬和李鸿藻极力主张诛杀安德海。最后由宝鋆拟写谕旨,命令丁宝桢不必将安德海解京,就地正法,以防夜长梦多。丁宝桢毅然将安德海处死,并暴尸三天。将收缴的安德海物品:骏马三十四、黄金一千一百五十两、元宝十七个、极大珠五颗、珍珠鼻烟壶一枚、翡翠朝珠一挂、碧霞朝珠一挂、碧霞犀角十块,以及其他许多珠宝一并上缴内务府。安德海由被捕到被杀,迅速而秘密,以致安德海死后几天慈禧才闻知。慈禧虽然憎恨慈安等众人,但碍于祖制,也只能暗气暗憋。但为此事,慈禧与慈安之间也就多了一笔仇恨,而同治母子之间也因此埋下不和的隐患。

清人薛福成《庸庵笔记》也记载,安德海进宫后之所以深得慈禧的欢心,其原因据传说是他并未净身。同治八年(1869),慈禧派他到广东办事,安德海一路招摇,飞扬跋扈,终被山东巡抚丁宝桢处死,并暴尸三日。在行刑时,竟然发现安德海是假宦官,根本未曾阉割，忙用其他宦官的尸体顶替。后来丁宝桢非但没受到慈禧的责难，反而升任四川总督，其原因就在于他在善后处理中为她遮了羞。很明显这些事根本经不起推敲，其可靠性也很值得怀疑。据清朝宫女回忆，清朝内务府每年春秋两季检查太监，通过贿赂漏检的，负责体检的官员是要掉脑袋的。

李连英像

安德海虽然死了，但太监在慈禧眼前受宠的趋势依然没停。因为慈禧身边不能没有自己的贴心人。于是与安德海一起进宫的太监李连英就有了出头的机会。

李连英，生于道光二十八年（1848）十月十七日。父亲李玉，河北省（当时称"直隶"）大城县李家村的一个贫苦农民，他共有五个儿子，李连英排行老二。李连英死后的墓志碑文记载："公姓李氏，讳连英，字灵杰。平舒世家也。"由于误传，近百年来，民间和不少史学著作都将李连英的名字写成"李莲英"，应该给予纠正。民间讥笑他家开过熟皮作坊，给他起了个绰号叫"皮硝李"。还认为，他的发迹来源于他善于梳头。

野史《清朝野史大观·清宫遗闻》记载李连英的身世和发迹如下：

皮硝李者，孝钦后之梳头房太监也，名"莲英"，直隶河间府人。本一亡赖子，幼失怙恃，落拓不羁。曾以私贩硝磺，入县狱，后脱羁绊，改业补皮鞋，此"皮硝李"三字徽号所由来也。河间本太监出产地，同乡沈兰玉，向与有故，先为内监，见而怜之。莲英遂肯其引进。适孝钦后闻京市盛行一新式髻，饬梳头房太监仿之，屡易人，不称旨。兰玉偶在闼闼房言及，闼闼房者，内监之公共憩所，莲英尝至此访兰玉者

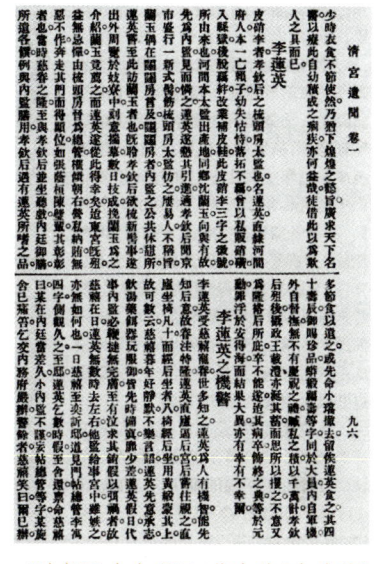

《清朝野史大观》记载中的"李连英"

也。既聆孝钦后欲梳新髻事，遂出外周览于妓寮中，刻意揣摩。数日，技成，挽兰玉为之介绍。兰玉竟荐之，而莲英遂从此得幸矣。

对此种说法，中国第一历史档案馆的清史专家唐益年指出：李连英因会梳头而发迹的说法荒诞无稽。在清宫典制中，后妃宫中根本没有梳头太监这个差使，清宫中的后妃也决不敢擅学民间的发型和任意收容太监。

据李连英后人——李祥浩、李祥仲两位老人说：

我祖父李连英根本不会梳头，给慈禧梳头的是一位姓刘的太监，人称"梳头刘"。我祖父只管慈禧太后的饮食起居。

有的野史说李连英为给慈禧太后梳头，专门到城外妓院去研

究妓女们的头发式样。这根本不可能。一个是太监不许随便出宫，一个是妓院里的妓女都是南方人，苏、杭二州的，头发式样跟宫里的妇女完全两样。你想，西太后足穿花盆底鞋，头上却梳个发纂，她还怎么见人？

对于"梳头刘"这个人，《宫女谈往录》里有一段关于他的介绍："我没看见过李连英给老太后梳头，也没听说过。七八年来伺候老太后梳头、给老太后当这份差的只有个梳头刘，他的名字叫刘德盛。"

李连英也不是在安德海被杀后，迅速取代了安德海的位置，而是因受安德海一案的拖累，和全宫太监一起受到罚俸处分。清宫档案记载，咸丰七年（1857）十月十一日，李连英由郑亲王端华门下送入皇宫，入宫后改名为"李进喜"，分配在奏事处当差。咸丰十年（1860）四月，他被调到东路景仁宫当差。同年八月，英法联军进攻北京时，随咸丰帝逃到承德的避暑山庄。当时，李连英并未在两宫太后宫中当差（慈安居住东路钟粹宫，慈禧居住西路储秀宫，李连英则为东路景仁宫太监）。同治三年（1864）四月二十日，

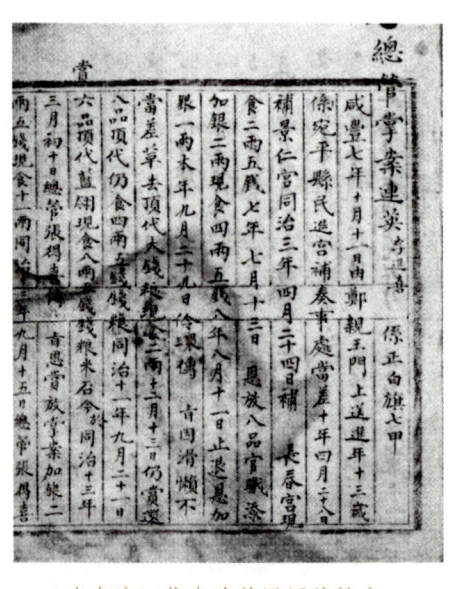

内务府记载李连英履历的档案

李连英被调到长春宫慈禧御前当差,当时长春宫的太监安德海正红得发紫,根本轮不上李连英出头。安德海被杀,不但给李连英提供了机会,也给李连英敲响了一个受宠后也十分危险的警钟:安德海过分恃宠骄横,目空一切,结果送掉了性命。聪明的李连英通过安德海的遭遇接受了教训。他不仅学会了揣摩主子性格心理、习惯爱好的方法,还学会了处事谨慎小心的人生哲学。正因如此,同治十一年(1872),李连英开始进入发红受宠的时期了。到光绪七年(1881),李连英已经是储秀宫三品花翎总管了,与敬事房三品大总管李双喜平起平坐。慈禧与李连英虽说是主仆关系,但由于李连英长期在慈禧身边服侍,其间已有非同主仆关系的感情了。对此,《晚清宫廷生活见闻》记载有晚清宫廷太监刘兴桥、赵荣生、冯乐庭等人的一些回忆:

> 清代末年,女主里寡妇多,当权的西太后虽然有好多事要做,但是日子过得看起来也是怪无聊的。她闲下来的时候,写写字,画点画,看看戏……心神也像没有着落似的。能解西太后心烦的是太监李连英,李连英最会服侍她,成了她离不开的人。他两人的感情看起来非常亲密。
>
> 就我们知道,每天三顿饭,早晚起居,她俩都互派太监或当面问候:"进得香?""吃得香?"有时候,西太后还亲自到李连英的寝室,招呼:"连英啊!咱们遛弯去呀!"李连英便出来陪她去玩。他俩走在前边,其余的人远远地随在后面。西太后有时还把李连英召到她的寝宫,谈些黄老长生之术,两人常常谈到深夜。

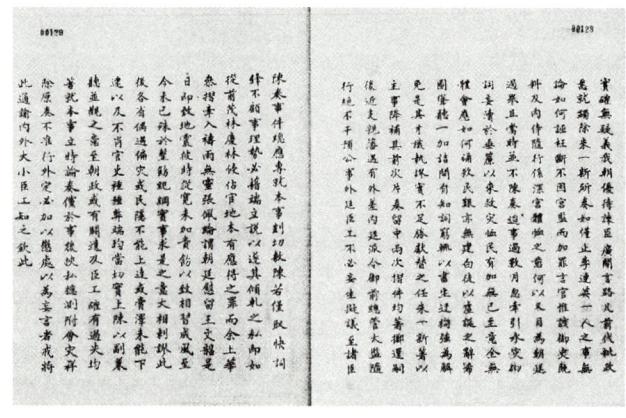

军机处《上谕档》记载御史朱一新参奏李连英被处分的上谕

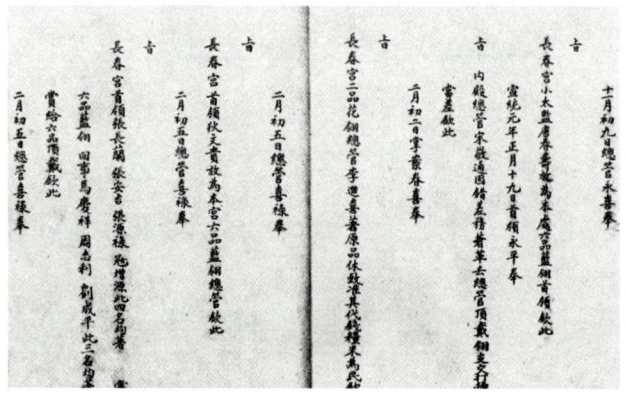

清宫内务府档案记载李连英原品休致（即退休）

由此可见，慈禧与李连英之间的关系如同朋友，更似亲密伙伴。但李连英为人处世很低调，也很谨慎，尽管如此，也难免出现差错，这时慈禧也会给予处罚，但不影响李连英继续受宠。

光绪二十年（1894），慈禧下旨赏给李连英二品顶戴花翎。太监与朝廷官员的官职品级是有着本质区别的。虽然他们都是在为皇家服务，但朝廷官员有着高贵血统和尊崇的政治地位，是能参与国家政治活动和对国家政治有发言权、行使管理权的统治集团成员。而太监官职品级不属于国家官员的范畴，尽管也享有类似朝廷官员的品级，他们的品级只是限定在皇宫内廷奴才与奴才之间，他们的品级只是表明本身的地位与级别，品级再高也改变不了奴仆的身份。

李连英是慈禧最喜欢、最得力的太监，已是公认无疑的了。但他是否利用自己在宫中是慈禧红人这一特殊身份和地位，参与和干预过国家朝政，现在说法不一。有说李连英干预国家大事的；也有说李连英虽然在慈禧身边服侍，但为人小心谨慎，只做自己奴才应做的事情，不但不参与干预国家大事，连朝廷中公开的买卖官员的事情都不去做。至于他接受外臣贿赂之事，是有的，但他只是光收贿，不办实事。尽管如此，李连英还是曾遭受到朝臣的抨击。

据档案记载，光绪十二年（1886）四月，清朝的北洋海军建成，北洋大臣李鸿章奏请慈禧派遣大臣检阅。慈禧便派总理海军大臣醇亲王奕譞前往。奕譞虽然是光绪帝的亲生父亲，但他深知慈禧的为人，城府极深且非常谨慎的奕譞要求慈禧派遣她身边的人随行，以表明心迹，减少慈禧对自己的猜疑。在清朝的历史上，由亲王主持大规模的阅兵典礼，并且另派太监随行，并无先例，李连英的随行如同监军之职。据《清稗类钞》记载：

> 李鸿章为之设行台，王（醇亲王）与李连英居处一切无轩轾，惟阅兵时，王坐于前，连英立于后而已。于是丁汝昌、卫汝贵、卫汝成、叶志超、赵桂林、龚照玙诸人，皆奉贽连英门下，称受业。

八月二十四日，监察御史朱一新借山东、山西、河北等地发生水灾为名，上折谏曰：

> 我朝家法，严驭游宦寺。世祖宫中立铁牌，更亿万年，昭为法守。圣母垂帘，安德海假采办出京，立置重典。皇上登极，张得喜等情罪尤重，谪配为奴。是以纲纪肃然，罔敢恣肆。乃今夏巡阅海军役，太监李连英随至天津，道路哗传，士庶骇谔，意深宫或别有不得已苦衷，匪外廷所能喻。然宗藩至咸，阅军大典，而令刑余之辈厕乎其间，其将何以诘兵崇体制？

朱一新在奏折中重申清朝对太监的限制，指出太监参与国家大事的危害，虽然这是针对李连英的，但慈禧却极为不满，为此她下了一道长达六百多字的懿旨为李连英辩解，并将朱一新降为主事。李连英因此躲过了一次被处罚的厄运。李连英在巡阅海军时是否结交外官、干预国事呢？清朝的海军将领咬定此事是真，而醇亲王奕谭却坚决否定。

李连英对待主子慈禧绝对是一百二十个不含糊，那对待慈禧的政治对手光绪帝呢？有人说李连英既然是慈禧的人，那自然是后党的人，也反对光绪帝；甚至有人说李连英是毒死光绪帝的凶手；但也有人说李连英不但不是害死光绪帝的凶手，而且还曾私自照顾过光绪帝，光绪帝也是喜欢李连英的。据说庚子乱后，两宫逃到保定，慈禧的卧室极温暖，而光绪帝却连被褥都没有。李连英见此情景，便将自己的被褥让给了光绪帝。为此，光绪帝回到北京后曾说："要没有李谙达，我就活不到今天。""谙达",满语"老伙伴""师傅"的意思。事实究竟如何,现在是没办法深究了。

李连英是否真正参与国事或者结交外官,清宫档案没有明确记载,但有一点却很清楚,光绪三十四年(1908)十月二十二日慈禧死,李连英于宣统元年(1909)二月初二日即慈禧死后不足一百天的时候离开了皇宫,离开了他生活了五十多年的紫禁城。

据清宫档案记载,当时隆裕为了感谢李连英在皇宫服侍多年,准其"原品休致"。

李连英为什么离开皇宫,现在看来也许他内心有愧,觉得对不起大清爱新觉罗皇室;或者是因为对慈禧的一种奴仆性忠诚;也许是皇宫中已经没有他的立足之地了。这时候他急流勇退,可以说是明智之举。他出宫后,新的年轻太监小德张很快就顶替了他在皇宫中的位置。

小德张生于光绪二年(1876),名祥斋,字云亭,天津静海人。小德张十二岁那年,"自宫其身"。光绪十七年(1891)入宫当太监,排行"兰"字辈,取宫名"张兰德",人称"小德张"。他曾先后在慈禧、隆裕的宫中当太监。慈禧还曾赐名"恒太""恒泰"。光绪十八年(1892)到南府戏班学京剧。光绪二十四年(1898)升为太监

小德张像

回事。庚子事变后,升为御膳房掌案,三品顶带。宣统元年(1909)升任大总管,在宫内权倾一时。身份地位的改变,使得小德张的生活方式也有了质和量的变化,每月的伙食费就有一百两银子,与隆裕同吃一个灶;穿的是绸缎狐裘。1913年出宫到天津做寓公,他广置田产,深居简出,不问世事。1957年4月19日去世,终年八十一岁。

小德张过继的孙子张仲忱在《我的祖父小德张》一文中介绍说,小德张的飞黄腾达是因为其唱戏而受慈禧赏识。

小德张的发迹是在慈禧时期,但小德张权倾朝野则是在慈禧死后隆裕主政时。隆裕对小德张可以说是言听计从。据记载,小德张说"太后应忌生冷",隆裕便不吃生冷;小德张说"太后得多遛一遛",隆裕外出便不坐轿,有时还累得满头大汗;小德张

延禧宫院内撂下来的水晶宫烂尾工程

六岁的溥仪与隆裕

说"太后宜少食",隆裕便不吃饱……在皇宫中,小德张说买什么就买什么,说建什么建筑就建什么建筑。

宣统元年(1909),隆裕在"国丧"(光绪帝、慈禧刚死不久)期间,不顾当时国家正在兴建新式海陆军、财政紧张的情况,在延禧宫内大兴土木工程,修建水晶宫"灵沼轩",就是小德张怂恿的。后来因南方革命军不断攻关破城,水晶宫工程才被迫停工。小德张还怂恿隆裕修缮皇宫中的几处佛堂,由他全面负责具体工程,结果报销银两二百多万两。一位内务府大臣认为其中有侵吞嫌疑,要求予以追查,但隆裕却不予理睬,从中保护。小德张与袁世凯一家也关系密切,与袁的儿子称兄道弟。

1912年1月1日,孙中山宣告中华民国成立,他任中华民国临时大总统，同时改封建社会皇帝年号①纪年为"中华民国"。由于隆裕软弱无能，胆小怕死，她在袁世凯和小德张的软硬逼迫下，于1912年2月12日（宣统三年十二月二十五日）被迫宣布了大清皇帝的退位诏书。大清皇帝的退位，小德张起了一定的作用，这足以说明了晚清时的太监干预国政。传说慈禧在临终时留下了这样的遗命："以后勿再使妇人预问国政，此与本朝家法有违；尤须严防不得令太监擅权，明末之事可为殷鉴。"似乎这时慈禧已经预感到了什么事情，她想通过这样的遗命阻止"女人当政、太监干政"。

但是不管怎么说，此时的大清帝国已经走完了它的历史进程，新的国家政体已经出现，于是大清皇帝不得不发布诏书宣布退位，随后公布了清皇室与民国政府达成的三个条件：

鉴于大清皇帝宣布赞成共和国体，中华民国于大清皇帝辞位之后，优待条件如下：

一、大清皇帝辞位之后，尊号仍存不废，中华民国以待各外国君主之礼相待。

二、大清皇帝辞位之后，岁用四百万两，俟改铸新币后，改为四百万元。此款由中华民国拨用。

三、大清皇帝辞位之后，暂居宫禁，日后移居颐和园。

---

① 年号是封建皇帝执政纪年的名号。年号由西汉武帝首创，他的第一个年号为"建元"。自西汉武帝刘彻在公元前140年定为建元元年起，至1912年清朝末代皇帝爱新觉罗·溥仪的宣统年号被废止，历朝诸帝皆立年号纪年。每个朝代的每一个新君即位，必须改变年号，叫作"改元"，当然也有中途改元的。一般来说，在明清以前，一个皇帝有很多年号。

侍卫人等,照常留用。

四、大清皇帝辞位之后,其宗庙、陵寝,永远奉祀,由中华民国酌设卫兵,妥为保护。

五、德宗崇陵未完工程,如制妥修,其奉安典礼,仍如旧制,所有实用经费,均由中华民国支出。

六、以前宫内所用各项执事人员,可照常留用,唯以后不得再招阉人。

七、大清皇帝辞位之后,其原有之私产,由中华民国特别保护。

八、原有之禁卫军,归中华民国陆军部编制,额数俸饷,仍如其旧。

关于清皇族待遇之条件:

一、清王公世爵,概仍其旧。
二、清皇族对于中华民国国家之公权及私权,与国民同等。
三、清皇族私产,一体保护。
四、清皇族免当兵之义务。

关于满、蒙、回、藏各族待遇之条件:

一、与汉人平等。
二、保护其原有之私产。
三、王公世爵,概照其旧。

四、王公中有生计过艰者，设法代筹生计。

五、先筹八旗生计，于未筹定之前，八旗兵弁俸饷，仍旧支放。

六、从前营业、居住等限制，一律蠲除，各州县听其自由入籍。

七、满、蒙、回、藏原有之宗教，听其自由信仰。

以上这些条件，以公文的形式由两方代表照会各国驻北京公使，进而转达给各国政府。

清朝在慈禧死后三年就灭亡了，这是慈禧生前没有预料到的。令她更想不到的，就是民国政府与清皇室达成的这些协议，也没有很好地履行。因为这时的清朝小朝廷已经说话不灵了。中国正处在一个动乱的年代，各地军阀连年混战，而争霸所造成的影响和混乱，必然也会牵扯到大清帝国"万年吉地"的安全。

1928年7月，由悍匪孙殿英制造的震惊中外的特大盗陵的爆炸声，震醒了沉睡多年的清东陵，震惊了世界……

第二章

平地一声雷

据外国媒体报道,北平突然抓获了一名高级军官,由此揭开了东陵盗案的内幕。相继落网的逃兵供出了盗案的元凶,清东陵在爆炸声中被军队盗挖了。

路透社:抓住了一个军官

1928年8月4日夜间,驻北平的路透社首先向全世界播发了一条东陵被盗的电讯:

(北平四日路透社电)掘盗乾隆等墓案 据有关人士称,共发十三棺,其珍宝价值三四千万元。今已将褚玉璞旧部改编军队中拘获少年军官一人,该军官供述一切,谓褚将守陵之兵逐走,然后费两星期时间,始觅见棺木。乾隆墓中有子母西瓜一枚,慈禧墓中有大钻石一粒,价值甚巨。各物均在天津出售,此事由阎锡山闻后乃下令彻查。

8月5日，路透社再次发出一则电讯：

路透社北平五日电：东陵掘坟案拘获之谭松亭（即谭温江）乃谭学卿之弟，掘陵者即谭部军队，谭松亭已在浴池被捕。谭为改编后之直鲁军之军官，当时其卫兵首先开枪拒捕，为警制止。

8月7日，南京《中央日报》又做了较为详细的报道：

（东方五日北平电）在北平东方九十英里之乾隆帝后寝陵（注：系陵寝之误）即有名之东陵，被偷掘，棺内所藏珍贵物品为金银珠宝等悉被窃取无遗。闻此事为褚玉璞旧部，目下已改编为革命军之谭温江部，与当地有力者同谋，借用军队五百名从事发掘，盗取财宝价值估计约三百万元以上。谭之弟暗中来平销售赃品。经中国古董商告密，已被警备司令部派人拘获，其后不知何故，又将其释放。文物维持会及满人，现正运动司法当局，严惩人犯，闻在天津销售之宝物为数甚巨云。

这些消息在社会上引起了人们的广泛关注，各种新闻媒体相继报道，将清东陵被盗之事炒得沸沸扬扬，热闹非凡，同时也因此将盗陵案的一些幕后新闻报道了出来。

8月8日，天津《日日新闻》全文刊发了《北平文化临时维持会电请中央严办东陵盗案》的电文：

敝会于八月一日拟报告有直鲁残军,在河北省蓟县盗掘清乾隆及慈禧两墓,发掘时,附近戒严将及半月,事后由该军军官谭淞艇(谭温江,字淞艇)来平,寓中国饭店,将一部分之珠玉宝物,卖与琉璃厂古玩铺尊古斋馆掌黄百川,价值约十万元左右等情,正在查办之中。又据大学院古物保管委员会主席至北平分会俭电开:报载东陵被残匪盗劫,业电阎总司令保护并严查盗卖宝物,望就近调查接洽并复为荷。当经敝会分函平津卫戍总司令部第四集团白总指挥、北平特别市政府、河北省政府等机关,并面请警备司令张荫梧查办在案。现于本月三日由警备司令部派员将谭淞艇及尊古斋黄百川捕获到案。据黄百川供称销售赃物不讳。翌日警备司令部即将本案并黄百川一名解送卫戍司令部讯办,其军官谭淞艇一名,系徐源泉所属师长,当由何成浚、徐源泉索回看管。查清代陵寝系历史制度,应在国民政府保护之列,岂能任人私自盗劫,今竟以改编之军队,公然为盗匪之所不为,自此案发生,中外人士,均极注目。若听其逍遥法外,不但平津之古迹各物,已无法维护,从此军纪国法,荡然无存,其关系尤为重大。为此,电呈经过情形,请通电平津卫戍司令及地方长官,严行究办,勿少瞻徇,以为法戒,而警奸邪。北平文化维持临时维护会(阳)。

同日,《顺天时报》刊发了中华全国商联会《请各界主张根究盗陵案》的通启:

公启者:近悉清陵被人挖掘,盗卖宝物,殊骇听闻。深慨我华族所以优于各国者，以有礼教维持之也。追远慎终，励厚民德之举，虽在革命期中，仍应力予保持，以维国本，查明陵保存数百年，清陵亦应一律保护。如乾隆、慈禧帝后陵寝，工程坚固，断非少数人及最短期间所能掘破。似此明目张胆，灭绝人道之扩大举动，必有主持之者。万恳一致主张根究主使，妥复旧观，以培民德，而维国本，不胜盼祷之至。中华全国商会联合会启

8月12日，南京的《中央日报》发表了题为《匪军掘盗东陵的惨状》的报道：

本社十二日北平电：东陵盗陵情形，据看守该镇之旗丁报告如下：

匪军五六千人，断绝交通。掘墓时首先将菩陀峪孝钦后之陵用猛炸药炸毁，地宫内石条供桌上所有殉葬宝物均被掠取。然贪心不足，复将梓宫劈破。据参与其事之士兵云：将梓宫劈破时，群向棺内掠取珍宝，致将尸骸扯出棺下，于争夺中致将尸首分折，状极可惨。且有军官三人，互相残杀，已死于地宫内，其尸仍遗其中。又掘清高宗纯皇帝之陵，其掠夺情形，亦颇相类。高宗之发及肋骨等，皆抛于墓门外。

其余后妃各棺亦俱破坏。嗣又欲盗顺治陵，因有人谓：顺治帝于生前在五台山为僧，该陵系属空棺。该军等闻言，始赴康熙陵。不料甫加破坏工作之顷，由石下沟流出黄水，畅流如瀑布，该军正迟疑间，平地上水已积二尺余，且见水

势汹涌不已，故未敢动，遂又转而之他。该军获得珠宝者，多已潜逃。本地为匪军充当苦力之穷民，尚有拾得宝珠者。

另有一家报纸，别出心裁，以《乡老口中盗墓之详情》为题，为人们介绍了东陵盗案的经过：

盗陵以前之手续：盗陵之主脑人于事前，曾派调查者数人，至马兰峪，乔扮政客，往游陵寝。护陵旗员，固犹能温饱，而夫役等，则久已送穷有文，平素最喜贪图小利，若酬以一二番饼，不仅可恣意周游，并能使其津津乐道陵宫掌故。即非尽属可靠，也可聊得大概。其冒政客之调查，固亦投其所好，而得刺探详情，复命报告主脑人，知工程坚实，非短时间与少数人所可藏事，正苦无计。适当地为虎作伥、声应气求之地痞，密告该处附近，原有专习盗墓业者，今虽老而洗手（因已面团团作乡间富家翁矣），倘召得若辈至，当必有术善其后。主脑人遂命专访，得四十余人。然其来也，大半为人强威所胁，迨许以大家发财，始皆曰"愿为效命"。

将盗陵之会议：主脑人虽得盗掘老贼之助手，然证调查报告，知非个人所能独享。又虑知者多，届时珍宝满前，以原非节制之人，今复为盗窃之事，势必互相攘夺，激起绝大纷争。筹思者再，因于深夜召集会议，宣布发财计划。众大欢喜，皆曰：半生幸福，为主脑人所赐，敢不惟命。遂共决议信约：

（一）入内取物，议定须挨序渐进，不得争先恐后。

（二）往取珍宝，只准暗中摸索，摸得何物即是何物，不得提灯执火。

（三）每人只许赤手入内一次，任凭两手携取，不得另用包裹或器具。

（四）除预定之人以外，旁人不得擅入。

（五）如违反上述信条，由警备墓口者，处以枪决。

盗陵时之工作：某日傍晚，三千人包围马兰峪。守护陵寝旗员，知祸从天上来，大惊失措。嗣主脑人至，命拘旗员夫役于一室，令勿声张，否则杀无赦。一面即令工人随诸老盗坟贼，先掘那拉（即慈禧太后）墓。老贼辈知正面石门铁板，封扃严固，不易入手。因相度墓侧约二十步处，耒锄并举，仿掘隧道法，向目标进展。及抵内层寝宫，土质坚实，石壁竖立，乃用炸药轰裂。如是昼伏夜动者三宵，始穴壁望见金棺。主脑人入，命启棺。举斧力劈，牢不可启。遂出枪沿盖之封口，发弹数十，再依弹孔，刀斧并施，棺盖始得启也。

慈禧后死后之惨剧：棺盖既启，见那拉（慈禧）面色如生，知口内必含有奇珍异宝，始能保此容颜。因俯身探手，力挖其口，顾紧闭不能启。从者觅铁锤至，向那拉颊上左右各一击，声格格然，而齿牙尽落。主脑人以中指探入，挖出如龙眼大珠子一颗，又紫色宝一块，棺中较佳各物，择优掠去。呜呼，慈禧死后二十年，犹受此两锤，亦云惨矣。

翠瓜珠履之巧得：盗墓人中有一机警者，知暗中摸索，真伪莫辨，因密藏小手电灯于裤裆中，故虽检查，亦难发觉。迫入圹后，捺机遍烛，见棺内有翡翠西瓜两个，大为圆径六寸，其色泽与真者无殊，知为稀世珍品，即双手各托其一。转身复见一小首饰盒，亦并纳诸掌中，始欣欣然出。又一人入内后，手触慈禧太后之脚，遂脱其鞋，珠宝满帮。据传，瓜为慈禧生前最爱之物，价值当在百万。

据档案记载，关于东陵被盗的消息知道最早的是北平的原清朝都统衡永（字亮生），衡永在7月29日就收到了时任遵化县知事的蒋起隽写的一封私信：

东陵此次惨案幸在弟接印前数日，尤以乾隆、孝钦后陵为甚，尸骨狼藉，惨不忍睹。同治惠妃尸体如生，实不可解，惠妃尚系弟之表姑也。可叹可哭！现在此案范围扩大，弟处正在查办，将来需由国民政府会议解决也。清室为一代君主，逊位不及二十年，如此结果，令人伤心。乾隆及孝钦前后男女两英主与中国盛衰关系最大，此次遭劫亦最甚。不遭于外人之手，不遭于革命人之手，而遭于无知识想发洋财一群军匪之手，想默默（注：疑为"冥冥"之误）中亦有定数耶？

三哥大监，弟隽上。

衡永收到来信后，感到事关重大，便把此信交给了逊清皇室北平办事处的载瀛。载瀛等人立刻将情况通知平津卫戍总司令部的朱绶光总参谋长，告知清东陵被盗掘的情况，要求其加派队伍前往保护，速行惩办匪徒，并通过信件的形式汇报给正在天津张园过着寓公生活的溥仪。

溥仪得知自己的祖坟东陵被盗后，立即在张园设立灵堂祭奠并召开"御前会议"，会后决定派耆龄、宝熙、陈毅、徐榕生等遗老重臣前往东陵勘察，办理一切善后事宜。根据已经得到的情况，将国民革命军第十二军列入盗陵首犯，通过抗议的形式指责国民政府，要求保护清陵，严惩凶犯，并将矛头直接指向军方质问："被抓住的盗匪军官为何释放？"

溥仪在张园

原来，国民革命军第十二军第一师师长谭温江被抓后不久，其军长孙殿英就派人到北平打探消息并为之活动，称谭温江不仅不是盗皇陵的人，而且还是功臣，是将盗皇陵的当地土匪赶跑了的人，却在北平办公事时无缘被抓。孙殿英送给当时的上司徐源泉很多礼物，求其保释。徐源泉因此致函与北平卫戍司令部交涉：

徐源泉公函： 敬启者，兹有敝部第十二军谭温江师长于本日敝部点验完毕后来平公干，在清华池洗澡，忽被贵部员役带去。查该师长前方职务重要，即请查照开释，暂交敝部驻平办事处长罗荣衮保出，如其中果有特别案情，情愿负随传随到完全责任。兹派办事处长罗荣衮晋谒台阶，请赐接洽为荷。此致北平警备司令部张。

军方极力否认，嫌疑人又被释放，一时之间让清皇室和社会舆论也无可奈何。

逃兵供出了实情

山重水复疑无路，柳暗花明又一村。

由于军方不配合，盗陵案一时陷入了困境，但随着时间的推移，案情再次发生了变化。原来，正当清皇室指责缺乏有力的证据时，一条对清皇室有利的证据被刊登了出来。

8月16日，《顺天时报》刊登了《青岛警厅呈送盗犯张岐厚证文》：

青岛特讯：青岛警厅侦探队于本月四日在大港码头拿获盗窃东陵犯张岐厚等三名，并珍珠三十六粒，钞票一千余元。当经严讯，供认不讳。兹将呈报商埠局原呈及供词录后：

呈为查获炸清陵人犯张岐厚等及携带弹药犯黄凌川具报讯供情形，仰祈鉴核示遵事。窃据职厅侦探长刘清霖报称：本月四日据职队侦查码头探警王诚斋报称，据伊胞弟王仪臣由天津乘陈平丸来青，查得同船有旅客二人，不知姓名，携带钞票多张，绝非善类，请为派员检查等情。职闻报，急派探目王孝亭、张子珍，探警沙吉友及韩瑞生驰往。由陈平丸船上将张岐厚、张殿元等二名查获，会同大港分驻所巡官赵仲岐检查。该张岐厚带有珍珠大小三十六颗，天津钞票共一千零十元。复由一行李内检出国民革命军符号四个。黄凌川护照一纸，毛银洋四十七个，并子弹枪药军装等物。当即雇佣永泰和汽车，将该犯等一并带队，旋经巡官赵仲岐电话声称有广东人黄凌川至该分所找伊行李。该巡官赵仲岐遂令黄凌川自行来队，当由该黄凌川身上及行李内检出枪药一铁盒子，子弹二十一粒及上海、香港钞票共二百零四元等情，连同珍珠、钞票等件一并送请核办到厅，当即饬科讯。据张岐厚供称安徽人，曾在国民第十二军军部当随从兵，今年五月间，队伍开至东陵驻扎，由军长孙殿英饬工兵营夜间将西太后及乾隆帝两墓用地雷炸开。惟营长以上始能入内拿取东西，他这珍珠是天明以后跟副官往西太后坟里拾的。由津来此，拟回原籍等语。据张殿元供称河南人，在国民十二军当伙夫，与张岐厚同事，因无钱回家，故他使我同行，张岐厚的珍珠从何而来，实不知情。查发掘坟墓而损坏遗棺、盗取遗骨及殓物者，律有专条，张岐厚虽属从犯，罪亦难逭；张殿元虽供不知情，既然与张岐厚同事结伴，究属嫌疑重大。除将张岐厚等发所管押外，应如何办理之处，理合抄录供词、函件，连同珍珠三十六颗一并备文呈报。伏祈鉴核，指令祗遵。谨呈胶澳商埠局总办赵。计呈送珍珠三十六颗、抄供三纸。

警察厅厅长王庆堂　谨呈

抄供，张岐厚供：我今年二十三岁，安徽南宿州人，从先在第六军第二混成旅一团团部当随从兵，以后又改编在十二军军部当随从兵，军长孙殿英。我们的队伍开往蓟州一带，于今年五月间，队伍开赴马兰峪打土匪，驻在东陵，是由军长孙殿英领着两旅人去的（人数不足），旅长有韩大保及柴旅长，于五月节前两三天（按：应为"五月十七日"，这里记错），由军长命令，教工兵营用地雷将西太后及乾隆皇帝二坟炸开。当时我未得去，由军长的人把着门，都是团、旅、营长们下去拿东西，别人不得进去。他们拿完了，到天明以后我才去的。我这三十六颗珠子，就是从西太后坟里拾的。以后我们的队伍就往热河开走。在杨哥庄，我因当兵不易发这些财，再跟着队伍打仗去也无益，所以才由杨哥庄偷着跑了。到了天津，我还在天津卖了十颗珠子，卖了一千二百元钱。当时买了两个金戒指，一只手表，由天津坐船来青，再赴上海，转回原籍去。我这三十六颗珠子是在天津卖了那十颗珠子去了花费剩下的。这张殿元是我叫他跟我回家的，我管盘费，我得的珠子等他都不知道。我们在第六军时就同事，这黄姓我不认识，我未同他当过兵，不是同我来的，所供是实。

张岐厚在青岛被抓住的报道

至此，张岐厚供出了东陵盗案的真凶：国民革命军第十二军军长孙殿英。

开来了一支军队

孙殿英,字魁元,名殿英,乳名金贵,光绪十五年(1889)出生于河南省永城县。原籍是永城县小马牧集孙庄,因家境贫寒,搬到西杨楼村的岳父母家居住。一般人都叫他"孙老殿",又因为他小时候出过天花,脸上留下了许多麻子点,所以又有许多人叫他"孙大麻子"或"孙麻子"。

孙殿英幼年丧父,是母亲把他拉扯大的。从小溺爱娇惯,养成了调皮捣蛋、偷鸡摸狗的恶习。孙殿英的品性酷似其父孙玉林,正经事一点也不干,专走歪门邪道,干一些空手套白狼的事情。他曾拜一个叫曹洛川的赌场名宿为师,成为横行一方的大赌棍的帮凶、助手、学徒,专干骗人钱财的勾当。起初他还只是干些"传宝盒"、"看台子"之类的小事,后来随着经验积累,终于"出师",开始独闯江湖,并且很快上升到赌棍的级别。他在当时就已表现出独特的才能,不论赌宝、赌牌九,还是摸纸牌、打麻将、抛色子,孙殿英都有自己的"绝活",往往一局终场,大笔巨款便装进了他的腰包。然而在一次赌博中,孙殿英受到一位权贵的侮辱和责打,这使他认识到,光有钱,钱再多,也会受到权势的威胁。从此,他又开始贿赂结交军警官吏和有头脸的人,这时候的赌博对于他而言已不仅仅是赢钱,而成为一种拉拢交际

孙殿英像

的有效手段了。在赌博过程中，孙殿英并不充当守财奴。他经常有意识地把牌打输，让有权势的对方感到很有面子。他甚至还常常把赢来的钱主动退还给人家，并摆酒席宴请一起打牌的人，以博得这些权贵的欢心。

孙殿英在结交权贵时发现，钱能通神，同样也能买通恶鬼。他看到，仅仅靠赌博来的钱远远不够自己花费，于是又开始贩运毒品。他用已有的关系网加上自己的手腕，在全国许多地方销售毒品。在当时，只要押运毒品的人出示孙殿英的名片，便可畅通无阻，甚至连洋人也给他们大开绿灯。在贩毒的过程中，他又发现制毒比贩毒有更多的利润，于是他又开始制作毒品。孙殿英在赌博和制贩毒品这两条路上赚了不少钱，但他心里明白得很，光靠有钱和结交权势还不够，那样毕竟是求助于人，必须自己有势力，才吃得开、叫得响，横行无阴，有保障。

当时的农民遭受地主、豪绅和兵匪的压迫扰害，除了忍受欺压之外，唯一的希望就是寄托于神灵的保佑与庇护，这就使一些狡黠之徒有缝隙可钻。这些人利用农民善良愚昧的弱点，组织各种封建帮派，供其利用。孙殿英认为这种帮会对他大有好处，所以便加入了河南省当地特别有名的庙道会。为了掌握和利用这个庙道会，孙殿英苦心玩弄了一些把戏，欺骗愚弄道徒。

民国初年，有个叫"仁义老张平"的悍匪，横行乡里，无恶不作。当时，豫西有句土话："想当官，去拉杆。"1920年，孙殿英投靠张平，在他手下当了土匪，利用张平的旗号，把毒品的生意越做越大，以致1922年吴佩孚掌管河南的军政大权时，曾严令缉拿制毒犯孙殿英，孙殿英不得不逃往陕州躲避。后来他又投靠到河南陆军第一混成团团长兼豫西镇守使丁香玲部,当了一名连长。孙殿英和其他匪首被憨玉琨收编,孙任第五混成旅旅长,后又改投国民革命军第三军副军长兼第二师师长叶荃部下任旅长,旋复升师长。

1925年秋天,孙殿英投靠土匪出身的张宗昌,并被委以重任。1926年春,张宗昌与李景林联合向国民军反攻。孙殿英率部袭击了国民军第三军所属徐永昌部,为张宗昌立下了显赫战功,张宗昌即将孙部改编为直鲁联军第三十五师,后又扩大编制,以孙为军长。在直鲁联军节节败退之际,善于见风使舵

国民革命军第六集团军总指挥徐源泉像

的孙殿英更换旗帜,投靠时任国民革命军第六集团军总指挥的徐源泉,孙任第十二军军长,竖起了青天白日的旗帜。

1928年正是军阀混战、国穷如洗、民不聊生的荒乱年月,不属于国民党正规军的孙殿英部,被蒋介石另眼相看,并克扣孙部粮饷。孙殿英的部队官兵已半年没有发军饷,军心浮动,时常有开小差的事情发生,这时候如果再不能发军饷,恐怕开小差的更多,甚至有哗变的危险。孙殿英找到顶头上司军团总指挥徐源泉,向他诉说了苦衷。好赌的徐源泉没有理睬孙的诉苦,两手一摊,"唉,唉"叹息了几声,说:"蒋总司令手头也紧张,还要对付共产党,耗资巨大。希望兄弟们以精诚团结为重,再忍耐一时。"而这时候孙殿英部正按照部署,驻军防守位于河北遵化东陵以西

的蓟县（今天津市蓟州区）。虽然召集了当地的政府首脑和乡绅筹措军饷，但当地百姓生活更难。军饷奇缺，迫使孙殿英不得不另想"良策"。突然间，似乎一个幽灵在向他暗示：皇陵里可埋藏大量稀世珍宝呀！

东陵自建陵以来，不但设有重兵防护，而且还设有许多管理机构。但是自清朝灭亡以后，由于民国政府没有很好履行优待清室条件，守陵护陵员役兵丁的薪饷发放就出现了困难。为解决这部分旗人的生活困难，由护陵大臣报请清室，准予开垦土地，用来维持生计。此后，对东陵土地和林木的破坏逐渐升级。1921年，直隶省（今河北省）省长曹锐以查办天丰益铺商盗买陵树为名，派兵一团查抄没收天丰益在东陵地区的一切财产，

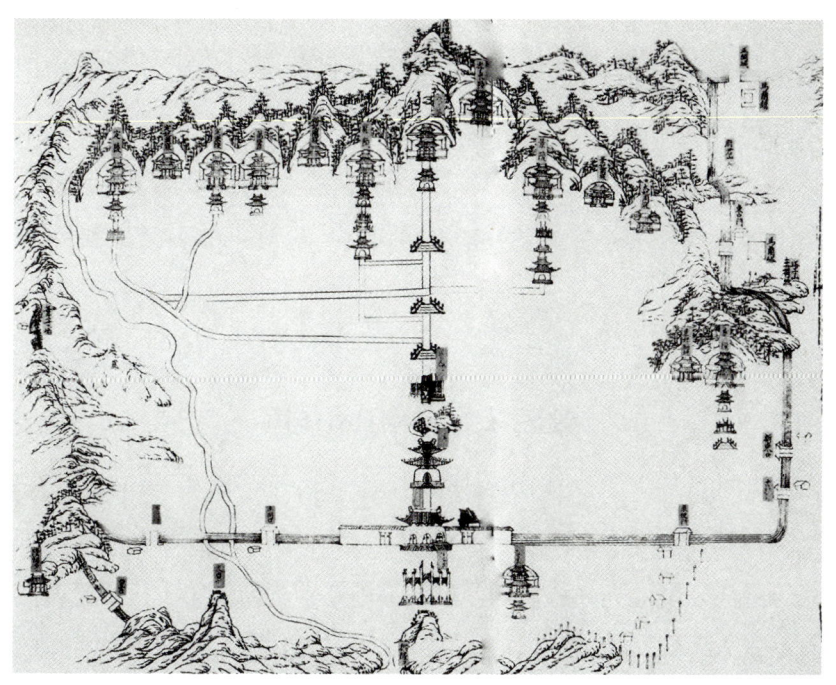

清东陵陵园示意图

并设立垦植局。至此，东陵完全落到北洋军阀之手。垦植局实际上是公开盗伐陵树的机构，东陵陵树多次遭劫，"仪树"和"海树"被盗伐一空，昔日陵园隐天蔽日、一望无际的树的海洋，至1928年已变成了秃山旷野。

更有甚者，东陵的地面建筑也被严重破坏。先是各陵寝建筑上的铜制件，如铜门钉、铜字、铜吻链等全部被盗，继而各殿隔扇、槛框、窗扇被拆卸一空。1928年2月，惠陵妃园寝被盗，慧妃尸身被弃置棺外，随葬珠宝被洗劫一空。1927年冬，奉军第二十八军军长岳兆麟到马兰峪收编土匪，当地人马福田被委以团长职。1928年6月，马福田率部由保定开赴滦县，途中探知马兰峪空虚无兵，遂率部于深夜占据马兰峪。马福田向来不安分，对东陵宝藏垂涎已久，只是没有机会下手。此时驻扎在蓟县马伸桥孙殿英部屡见大道上东陵殿宇木料及陈设大量外运，孙殿英心里直发痒。

"珠宝"即军饷，军饷即"珠宝"，为了生存，为了保存实力，一个罪恶的念头在孙殿英脑海萌发了——以打土匪为名，"盗墓"解饷缺之渴。

皇陵深处响起了爆炸声

孙殿英盗陵的主意已定，遂下令驻扎在蓟县马伸桥的第一师师长谭温江以剿匪为名进驻马兰峪。谭温江即刻命令第十三团抢占离马兰峪不远的石门镇，以侦察马兰峪土匪马福田部的动向。十三团团长率部来到石门镇后，将侦察来的情况上报坐镇马伸桥的谭温江：

一、职率队于十一时到达石门镇,所有防务业经布置完毕。

二、分派第一营进驻新城镇妥为布防,对马兰峪方面严加戒备。

三、据石门镇土人称:马兰峪匪人约有四五百名,长短枪二百余支,迫击炮八门,骡马近四百匹,另外还有轿车等运载工具。该匪已将东陵盗出的器物大部分变卖,价值不清。

四、顷据侦报,该匪已被国民革命军第三军白师长收编,正在接洽中。

五、钧宪发下布告五张,分贴石门、新城各镇街衢,商民均极欢迎。

谨呈师长 谭

第十三团团长 赵宗卿

谭温江得悉上述情报后,立刻调兵遣将,命令十三团主动进攻,剿灭土匪,由十二团、十五团包围掩护,同时命令蓟县东二区民团、遵化西二三堡区民团配合行动。经过八小时战斗,马福田部寡不敌众,死的死,逃的逃,剩下的被抓了俘虏。在打扫战场和清点损失之后,第十三团写出了战况报告:

职团于七月二日奉令剿办马兰峪股匪,俘获及战利品如下:
俘获匪众一百一十二人,嫌疑犯均由当地绅董先后保释,余三十八人实为悍匪。此役计获杂色枪一百余支、迫击炮三门、骡马三十余匹、轿车一辆、木箱两只，箱内之物，经官兵开箱检验，当即竭力禁止。经初步验查，为珍珠翡翠之类贵重物品，似是由陵墓中盗取之物，具体数量未查，现原封上交师部。

是役所有官兵伤亡人数如下：

受伤项下：

少校团副张洪范腿部受伤；一连七班一等兵王福生右肩受伤；二连一班一等兵邵先进右背后受伤；二连二班二等兵习起有头部受伤甚重；三连五班下士贾超凡左腿下部受伤；四连六班下士刘振山右臂受伤；二营六连二班下士范得秀手部受伤；六连六班一等兵何祚德足部受伤；马兰峪保卫排排长宋得仁受伤。

阵亡项下：

一连五班一等兵陈法本阵亡；一连八班下士曾有福阵亡；四连六班一等兵刘步营阵亡。

以上受伤官兵九人，阵亡三人，谨呈师长谭

第十三团团长　赵宗卿

谭温江见此报告，大喜，于是命令十三团回马伸桥师部，十五团回石门镇，十二团驻守马兰峪继续清剿余匪。

坐镇蓟县的孙殿英得到报告后非常高兴，为了进一步达到他不可告人的目的，孙殿英命令谭温江师和刘月亭的两个旅全部开进东陵四周严密布防，把守住陵区的所有道路，同时宣布陵区戒严，一切人等不许入内，并张贴布告：

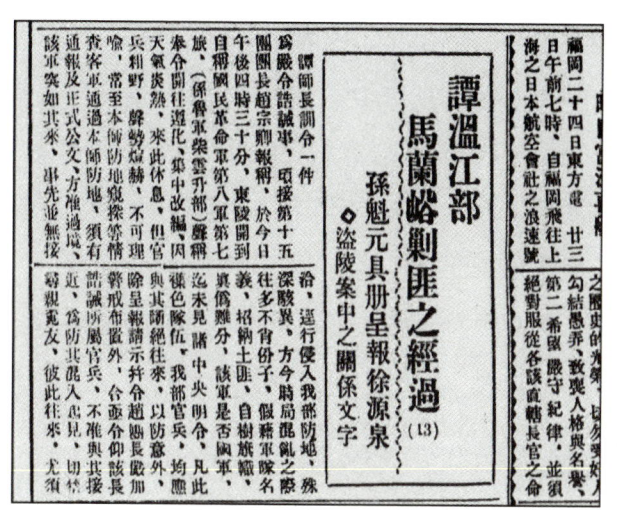

谭温江剿匪经过报道

军部布告

　　为布告事，照得马兰峪股匪猖獗，劫抢烧杀，奸淫掳掠，民不聊生。本军长应地方绅董之请，特派劲旅竭力剿除，赖官兵奋勇，将士用命，巨匪授首，元恶已除。除当场击毙不计外，生擒悍匪三十余名，已就地正法，以昭炯戒，藉寒匪胆。余恐余孽尚在，死灰复燃，一面举办清乡，逐细查究，一面搜索山林，随处侦缉，以期一网打尽，永绝根株。尔商民人等，如有侦知匪人逃匿踪迹及潜藏处所者，应即报告，以便拿获而清妖孽。本军长束发从戎，向以保国卫民为职志，除暴安良不遗余力，其有被匪蹂躏之区，不得安居乐业者，本部但得报告，即派队剿办，职责所在，不敢告劳。仰尔各色人等，转相告诫，一体周知。切切此布。

国民革命军第十二军军长　孙魁元
中华民国十七年七月三日

孙殿英此行目的不是为民消灭土匪，而是为了掩人耳目，浑水摸鱼，以便在将当地折腾得鸡犬不宁的时候，对皇陵下手，盗取地下珍宝。据档案记载，孙殿英部仅用一天多的时间，就烧毁了马兰峪的店铺数十间，其中有陈北秀的鞋铺南屋两间、陆子起的栈房三间、义成公杂货铺北房九间、永泰银楼西屋四间、二合义布庄西屋十间、义顺成锡铺西屋二间、铜发号铁铺西屋七间等，其他的普通民房不计其数。这些比土匪还残暴的行为，当然引起了当地人的强烈抗议，民众纷纷要求停止所谓的搜查。

孙殿英见达到了第一个目的，紧接着为了寻找盗取东陵珍宝的机会，再次暗示手下进行军事演习，并通知遵化县帮助征调三十辆大车，运送军需供养。

马兰峪（老照片）

慈禧陵隆恩殿

谭温江和柴云升等按照孙殿英部署,严把陵区,准备随时盗陵。刘月亭部则在马兰峪各村村口和路口张贴布告,声称要进行军事演习,施放新式地雷,晓谕民众不要外出,以免误伤。随后又散布谣言,声称谭温江与直鲁联军旧部柴云升不和,要发生战争,以此迷惑民众。

慈禧陵隆恩殿内部(老照片)

而与此同时,谭温江则把部队带到了慈禧陵,首先抢了慈禧陵隆恩殿及配殿的陈设品。

据内务府档案记载,慈禧陵的隆恩殿内所供设的珍贵物品有:

山陵供奉有:东珠朝冠、珊瑚朝珠、绿玉红碧玖钿花、大东珠绿玉菊花托、明黄绉绸绣百蝶棉被、明黄云缎棉褥、枕头、毛窝、鞋、铜水烟袋、银水烟袋、银潮烟袋、银漱口盂、银洗手盆、珍玩都盛盘、金丝洋眼镜、玳瑁边墨镜、靶镜、银水叅斗、银叅斗、牙刷、竹耳挖、银刮舌、黄丝绦、象牙签、小银铲、瓷油盒、玉碟、银胰子盒、杯挡、核桃、手巾、画画用具、青花白地瓷碗、瓷青龙盅。

陵寝陈设有:通天夹帐幔、明黄四则八宝夹帐幔、明黄妆缎褥、红妆缎褥、绿妆缎褥、明黄九龙棉被、妆缎三镶仙枕、明黄云缎仙枕、檀香龛、红漆宝床、红漆宝座、红漆仙墩、红漆宝床脚踏、红漆宝椅、红漆宝椅脚踏、黄漆描金龙供案、黄漆描金龙酒案、黄漆描金龙爪桌、黄漆描金龙方桌、黄漆描金龙帛匣、黄漆金线爵盏座、金漆六角朝灯、金漆五供几、黄漆描金龙供佛桌。

陵寝供器有:金奠池、金执壶、金里木碗、金珐琅锺碟、镀金银云叶镶角桌、镀金银锺碟、镀金银奠池、镀金银节壶、镀金银马杓、镀金银匙、镀金银镶牙筋、镀金银瓜盘、镀金银大盘、镀金银中盘、镀金银小盘、镀金银碟、镀金银大方、镀金银茶座、镀金银茶桶、镀金银爵盏、镀金银大碗、镀金银中碗、镀金银碗、镀金银小碗、银匙、银大盘、银中盘、银汤瓶、银碟、银马杓、银茶桶、银钟、珐琅碗、珐琅五供(随瓶花两枝、烛一对)、珐琅痰盂、珐琅香盒、铜剪烛罐、铜剪子、牙筋、柳条小簸箩。

另据《行宫及陵寝事务·宫中杂件》所载"菩陀峪定东陵殿存贵重陈设名目件数清册"记载，慈禧陵隆恩殿还有下列珍宝：

玉佛、上代八宝珍珠手串一挂、大珍珠一百零八颗、珊瑚佛头①一分五件、珊瑚纪念②八件、随珍珠十六颗、背云③翡翠四件、珠六颗。

不代八宝珍珠手串一挂、大珍珠一百零八颗、珊瑚佛头一分五件、纪念三挂，宝石三十三件、珊瑚三件、金珠三十件、珠三颗、背云宝石一件、珊瑚一件。

代八宝珊瑚手串一挂、珊瑚珠一百零八颗、翠八仙一分随珠十六颗、翠佛头一分五件、背云四件、珊瑚一件、碧玺一件、珠七颗。

不代八宝珊瑚手串一挂、珊瑚珠一百零八颗、青金佛头一分五件、纪念各色宝石三十六件、珠三颗、镶珊瑚六块、背云翠玉二件。玉寿星、上代八宝珊瑚手串一挂、珊瑚一百零八颗、翠佛头一分五件、黄纪念八件、珊瑚珠十六颗、背云翠玉一件、碧玺一件、随珊瑚珠三颗。

不代八宝珍珠手串一挂、大珍珠一百八颗、珊瑚佛头一分五件、随翠珠八件、纪念一分、珊瑚珠三十颗、宝石三件、

---

① 佛头，一百零八颗东珠串成，每二十七颗东珠就用一粒红珊瑚结珠等距离间隔出上、下、左、右四部分，这个结珠就称为"佛头"。
② 纪念，朝珠垂在胸前的左右结珠和珊瑚结珠处，分别饰一两串绿松石串，称为"纪念"。
③ 背云，佩戴朝珠时，佛头垂于背后，用黄绦带连接一组玉饰，此玉饰称为"背云"。

珠三颗、背云一分、翠石一件、碧玺三件、珠六颗。

足金镶珠石万寿执壶二件，共重京平一百九十五两七钱，共计上顶、腰箍、盖上、周围、穗子、座上等用大小正珠一千三百二十四颗、小东珠三百四十八颗、大东珠四十颗、中东珠六十颗、正珠八百七十六颗；红宝石五十六件；蓝宝石十八件；珊瑚镶松石六件；花梨匣子一个，上嵌脂玉九件，间有吊落。

足金镶珠石万寿执壶二件，共重京平二百二十五两四钱，共计上顶、腰箍、盖上、周围、穗子、座上等用大小正珠一千二百八十八颗，中正珠六十颗，大正珠四十颗，小正珠一千一百八十八颗；红宝石五十六件；蓝宝石十八件；珊瑚镶松石六件；花梨匣子一个，嵌脂玉九件，间有吊落；雕刻脂玉如意双柄，匣座均有散卸。

金宝塔两座，重一千四百七十两零六钱一座，重一千四百八十四两三钱一座。

匣一件，内盛朝冠一顶、上嵌三凤。顶上镶东珠十三颗、饭块珠三颗。凤尾上有乌拉小正珠四十八颗。群凤七支，每支上镶东珠九颗、猫睛石一块、凤尾上镶乌拉小正珠各二十一颗，凤尾一支上猫睛石一块、乌拉小正珠十六颗。冠尾穗一挂，金结上镶东珠六颗、小正珠六颗、饭块珠三百颗。珊瑚坠角五件。

鹅黄绦二根、青金石扁豆二件、珊瑚附角四件。

匣一件，内盛钿子一顶，镀金镶绿玉飘翎，红碧玖双喜字。寻常钿花一分，上嵌大东珠十八颗，绿玉菊花托。

匣一件，内盛珊瑚朝珠一盘、绿玉佛头塔东珠六颗，碧玖背云、坠角、四喜宝石纪念、坠角。

约在1915年11月，东陵守护大臣为了防止东陵各陵尊藏的珍贵物品被盗，将各陵尊藏的物品中择其最珍贵且体积较小的运回紫禁城，交还了溥仪小朝廷保管，所剩者统一交到马兰峪城内寿陵礼部衙门保管。所以这次孙殿英匪兵只可能只将三殿柱子上的镀金铜龙盗走。然后这些匪徒窜到了陵寝后面的宝顶、方城、明楼等处撬开了地面方砖，任意挖掘，意图寻找地宫的入口。

然而由于对陵寝地宫结构知之甚少，他们时间没少用，力气没少使，就是没有找到地宫的入口。据说后来他们在当地守陵人中找一个熟悉陵寝的人充当向导。他们利用威胁恐吓的手段，果然找到了进入地宫的入口。他们来到方城古洞门，即隧道券内的尽头，地面铺的都是巨大的青白石条石，他们撬开了地面的几块条石，开始往下挖。他们费了很大的劲儿，终于发现了隐藏在北墙下的地宫入口处的挡券墙。挡券墙是地宫隧道券南口的封闭墙，完全用青白石的条石砌成，是地宫的第一道门户。这些匪兵刀撬斧砍，

慈禧陵隆恩殿内的明柱金龙丢失后留下的痕迹

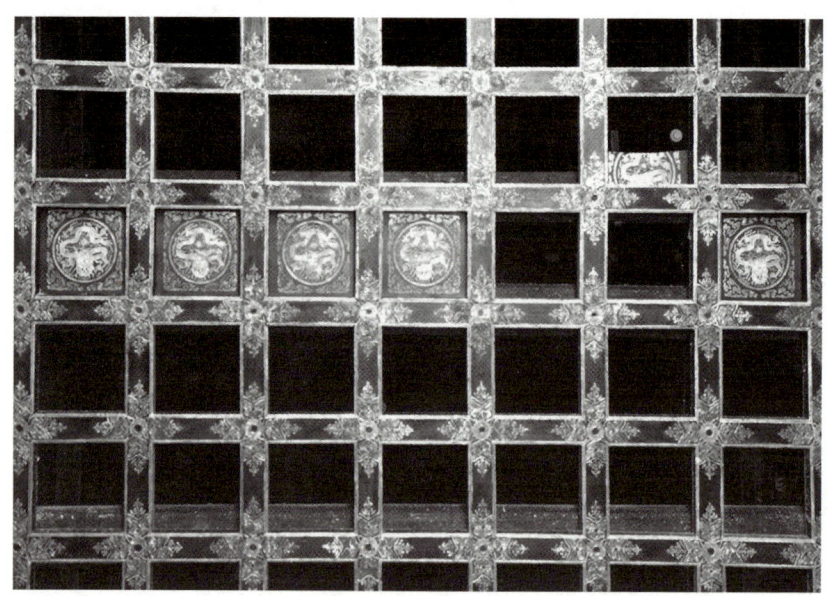

慈禧陵隆恩殿天花板仅剩下五块半

1928年慈禧陵方城顶面的金砖被盗陵匪兵挖得乱七八糟

硬是把挡券墙的一块条石抽了出来，露出了一个长方形孔，于是他们从这个孔钻进了地宫，打开两道石门，进入了金券，看到了慈禧的棺椁。他们一拥而上，劈棺扬尸，盗走了棺内所有陪葬珍宝。

一位曾参与盗掘慈禧陵地宫的匪军连长回忆说：

> 鄙奉令掘西太后陵，当时将棺盖揭开，见霞光满棺，兵士每人执一大电筒，光为之夺，众皆骇异。俯视棺中，西太后面貌如生，手指长白毛寸余。有兵士大呼，速以枪杆横置棺上，防僵尸起而伤人，但亦无他异。霞光均由棺内所藏珠宝中出。乃先将棺内四角所置大西瓜取出。瓜皆绿玉皮，紫玉瓤，中间切开，瓜子作黑色，霞光由切口处放出。西太后口中所含大珠一颗，亦放白光。玉枕长尺余，放绿光。其它珠宝堆积棺中无数，大者由官长取去，小者各兵士阴纳衣袋中。众意犹未足，复移西太后尸体，左右转侧，翻取布满棺底之珠宝以去。于是司令长官下令，卸去龙袍，将贴身珠宝搜索一空。乃曰："不必伤其尸体。"棺中珠宝尽，再索墓中各处殉葬之物。棺底掀转，现一石洞，中储珍宝亦尽取之。搜毕，由孙殿英分配，兵士皆有所得。贵重大件，用大车装走。

事后，孙殿英也曾对原国民党中将文强先生说起慈禧棺椁的事情：

> 慈禧太后的墓崩开后，墓堂不及乾隆的大，但陪葬的宝物就多得记不清楚。从头到脚，一身穿挂都是宝石，量一量

大约有五升之多。慈禧的枕头是一只翡翠西瓜，托雨农赠给宋子文院长了。她口里含的一颗夜明珠，分开是两块，合拢是一个圆球，分开透明无光，合拢呢，透出一道绿色的寒光，夜间在百步之内可照见头发。听说这个宝贝可使尸体不化，难怪慈禧的棺材劈开后，老佛爷好像在睡觉一样，只是见了风，脸上才发了黑，衣服也有些不得手。

慈禧陵盗案就是这样在军事演习的谎言掩盖下发生的。

第三章
横空出世

清东陵这块"纷郁丽九光之霞,鬱葱翠万年之秀"的风水宝地埋葬着大清帝国叱咤风云的众多人物。他们往往在建功立业的时候就开始着手自己死后的安排,选择一块风水极好的万年吉地供自己死后居住。慈禧虽然是一个女人,但是作为清朝晚期权势显赫的"无冕女皇",她也为自己苦心选择了一块上吉佳壤。大清帝国同时营建两个建筑规模一样的皇后陵,这在中国历史上是绝无仅有的。

清东陵:天赐佳壤

清朝入关,统一全国以后,先后在今河北省境内开辟了两处规模宏大的皇家陵园,在北京东北方向的遵化陵园称为"东陵",在北京西面的易县陵园则称为"西陵",因为清朝封建王朝的结束,新中国成立以后两座陵园则分别称为"清东陵"和"清西陵"[1]。

---

[1] 清西陵坐落在河北省易县梁格庄以西,是清王朝继东陵之后,在关内开辟的又一处皇家陵园。清西陵始建于雍正八年(1730),共建有皇帝陵四座,即雍正帝的泰陵、嘉庆帝的昌陵、道光帝的慕陵和光绪帝的崇陵。皇后陵三座,即泰东陵、昌西陵和慕东陵。妃园寝三座,即泰陵妃园寝、昌陵妃园寝和崇陵妃园寝。王爷陵二座,公主园寝和阿哥园寝各一座。共建有十四座陵寝。葬有皇帝四人,皇后九人,妃嫔五十七人,亲王二人,皇子皇孙六人,公主二人,共八十人。在陵区外围,还建有王爷园寝和公主园寝多座,但如今多数已毁坏不存在了。

清东陵位于河北省遵化市马兰峪以西的昌瑞山下，大小单体建筑五百多座，葬有皇帝五人、皇后十五人、妃嫔一百三十六人、皇子一人，共一百五十七人，其中有清朝入主中原的第一帝、因为爱情曾想出家为和尚的顺治帝；有中国历史上在位时间最长的康熙帝；有寿命最长、掌实权最久、号称"十全老人"的乾隆帝；有被洋人吓破胆子最后死在热河避暑山庄的咸丰帝；有寿命最短、母子不和的同治帝；有清初辅佐过两代幼主的女政治家孝庄文皇后；有垂帘听政、统治中国长达四十八年之久的慈禧；还有身世扑朔迷离的香妃等。清东陵周围还建有许多王爷、皇子、保姆、大臣等人的陪葬墓。这些陪葬墓中的墓主人也非等闲之辈，有的是皇帝的娇儿爱女，如顺治帝的皇四子荣亲王；乾隆帝的端慧皇太子；曾率军征讨叛军的顺治帝的皇二子裕亲王福全；两立两废的皇太子允礽；文武双全、能征惯战的康熙帝的皇长子允禔；曾与雍正帝争夺皇位的抚远大将军允禵；有心灵手巧、终身不嫁的苏麻喇姑；为顺治帝殉死的侍卫傅达礼；有哺乳幼帝有功的四位保姆；还有被乾隆帝称为"第一宣力大臣"的大学士傅恒等。尽管陵寝建筑众多，但清东陵的陵寝规制严格，皇帝、皇后的陵用黄色琉璃瓦，而妃园寝和亲郡王园寝用绿琉璃瓦，其他建筑用布瓦，这充分显示出皇陵的等级与帝王的尊严。

整个清东陵北起雾灵山，南达天台山，占地面积约二千五百平方公里。雾灵山是清东陵的太祖山，是"后龙之正脉，风水之大源"，其山脉逶迤南伸，至昌瑞山而止。整个陵园以昌瑞山为界，以南为"前圈"，以北为"后龙"。后龙周环二百五十多公

清东陵全貌

里，其内群山卓立，万岭奔腾，密林覆盖，人迹罕见，是陵寝的控制保护区。前圈四面环山，中间是四十八平方公里的平坦之地，诸陵寝均建在前圈之内。陵园东面的雁飞岭诸峰，千岩错落，文笔插天，势尽西朝，俨然左辅；陵园西面，黄花山、钻天峰众山，层峦飞翠，叠嶂腾辉，象山、万福山、天台山横亘于陵园之南；位于雾灵山和昌瑞山之间的分水岭是"来龙"的脊背，陵园东侧的魏进河、马兰河和陵园西侧的西大河、大沙河分别从北向南流淌，左盘右绕，最后汇合于陵园之南的龙虎峪，这种万山拱卫、众水朝宗之势，加重了皇陵的神秘色彩和皇权神授的气氛，与庄严肃穆的皇家陵园保持了高度的和谐与统一。

　　古代相度兆域，讲求前有照山，近有案山，后有靠山。昌瑞山为燕山余脉，东西走向，中间主峰高耸，两侧山峰逐次低下，宛然一道天然屏风，它是东陵的后靠山；金星山位于陵园之南（前），此山拔地而起，山形如倒扣的金钟，与昌瑞山主峰遥遥相对，它是陵园的照山；在金星山北有一座小山，似玉案前横，此为案山，当地人称之为"影壁山"。金星山、影壁山、昌瑞山恰好在一条直线上，就好像大自然按着人的意愿特地安排的一样，景物天成，浑然一体。登上昌瑞山顶峰，俯视南面的陵园，一片树海，满目苍翠，朱墙金顶辉映其间。转过身，极目远眺山北风光，但见山岭相连，逶迤奔腾，密林覆盖，气势磅礴。清东陵的风水，奇山秀水相济，宏伟俊秀并举，令人目不暇接，心旷神怡。

清东陵真是一块绝妙的上吉佳壤！

那么，清东陵这么好的风水宝地是谁选中的呢？是顺治帝亲自选中的，而选万年吉地这件事的来由，竟是因躲避天花病"无心插柳"的结果。

天花，是一种死亡率极高的传染病，时人谈之色变，比洪水猛兽还厉害。清朝初期，由于医学落后，不仅平民百姓抵御不了天花，即使是九五之尊的皇帝也无可奈何。由于清皇族当时才刚从冰天雪地的白山黑水间进入温暖的关内，地理和温度的差异以及对气候的不适，似乎使他们更容易感染天花。为了应付天花对人的威胁，清廷在人口户籍管理上实行了一种特殊的身份管理办法，将居民分为"熟身"和"生身"。"熟身"是指出过天花或者接触过天花的人；"生身"则是指没有出过天花或者怀疑有可能携带天花病源的人。清廷规定：一旦发生病疫预报，"生身"皆不准留在城中。这种规定，使当时一些有感冒发烧、风疹疥疮等与天花相似症状的患者，也被一刀切地迁出城外。

顺治帝六岁登极，是一位忧郁敏感的少年天子。由于6岁即位，不能理政，在很长的一段时间里，他一直处于无权的尴尬境地。他一方面忍受着"皇父摄政王"多尔衮的跋扈、专制以及随时可能出现的宫廷危机的困扰。另一方面，由于他生来体质孱弱，性格内向，情绪不稳定，不得不提防疾病的袭击。他最为害怕的就是天花，于是"避痘"是他生活中的一个重要内容。

顺治帝朝服像

蒙古各部落被清朝视为是最可依赖的力量，和睦蒙古是清廷不可动摇的基本国策。清太宗皇太极规定：每年蒙古各部落首领都要入朝觐见皇帝，即使在天花流行的时期，皇太极也坚持执行。

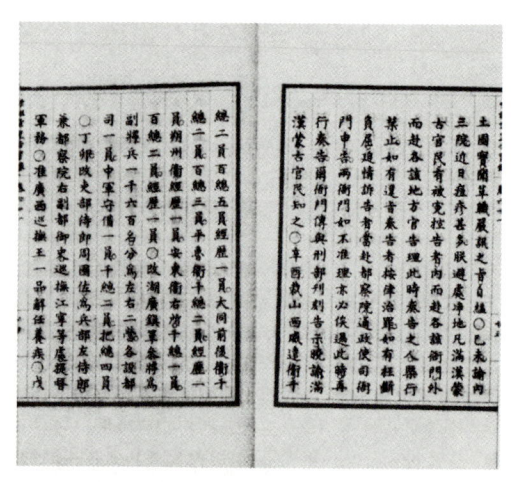

《清实录》中记载顺治八年十二月避痘停朝上谕

顺治八年（1651），北京城爆发天花疫情，由于顺治帝害怕传染上天花，他十月从北京出发，带着皇太后、皇后到遵化一带行猎，同年十二月才回到北京。

这次看似寻常的避痘经历，竟使顺治帝无意间选中了自己的万年吉地。原来，顺治帝一行来到了遵化马兰峪的丰台岭一带，举目四望，只见高山连绵，岗峦起伏，隆起的山脊在蓝天白云的掩映下若隐若现，犹如一条条天龙奔涌腾跃，呼啸长空。在天龙盘旋飞舞的中间，一块坦荡如砥的土地，蔚然深秀，生机盎然。东西两侧各有一泓碧水，波光粼粼，缓缓流淌，形似一个完美无缺的金瓯。顺治帝不停地瞭前眺后，环左顾右，发出由衷的赞叹："此山王气葱郁，可为朕寿宫。"于是，他纵马来到一处向阳之地，翻身下马，双手合十，两目微闭，十分虔诚地向苍天祷告了一番。随后他相度了一块相宜的地势，将右手大拇指上佩戴的白玉扳指轻轻取下，小心翼翼地掷向山坡，然后庄重地向身旁敛声屏气的群臣宣布："扳指停落的地方，就是陵寝的穴位！"但没想到还没来得及动工兴建，顺治帝就龙驭上宾了。

康熙帝即位后，将丰台岭改名为"昌瑞山"。

那么，清东陵到底有什么样的好风水呢？

《清朝文献通考》中对于清东陵的风水有以下描述：

山脉自太行来，重岗叠阜，凤翥龙蟠，嵯峨数百仞。前有金星峰，后有分水岭，诸山筝峙环抱。左有鲇鱼关、马兰峪，右有宽佃峪、黄花山。千岩万壑，朝宗回拱。左右两水分流夹绕，俱汇于龙虎峪，崇龙巩固，为国家亿万年钟祥福地。

由清东陵的守护官员编纂的《昌瑞山万年统志》记载：

昌瑞山原名"丰台岭"，一峰擂笏，万岭回环。北开幛于雾灵，南列屏于燕壁。含华毓秀，来数千里长白之源；凤舞龙蟠，结亿万年灵区之兆。且其间百川旋绕，势尽朝宗；四境森严，象皆拱卫，实为天生福地。

（昌瑞山）佳气团结，郁郁葱葱，巍峨数百仞，玉陛金阙，垣合紫微，嘉祥叠见，屡产灵葩。是固出乎山之类，拔乎山之萃，而不可与众山为伍者。至于前后左右诸山并诸水等皆所以为此山之带砺而朝拱乎！

作为皇家的万年吉地，大清王朝的皇帝们不仅耗费巨资，修建极为豪华的陵寝，而且在死后，还把生前长期聚敛的大量奇珍异宝葬入地宫,供其享用。清朝最为奢华的慈禧太后,更是无所不用其极,将她生前所得的大量珍宝带进了自己的地宫,但这也为日后她的陵墓成为盗陵者的首选目标埋下了伏笔。

慈禧:这个方案比较满意

在明朝,皇后是不单独建陵的。她们死后都合葬在皇帝陵内,即使她们死在皇帝之后,当朝皇帝也会打开前朝皇帝陵地宫,将皇后葬皇帝陵地宫里面。而在清朝,这一情况则发生了根本的改变。因为在清朝皇帝入关后,便开创了给皇后单独建陵寝的制度。

首先享受这一殊荣的是顺治帝的孝惠章皇后。

孝惠章皇后在康熙五十六年十二月初六日(1718年1月7日)病逝于宁寿宫,享年七十七岁。年已六十四岁的康熙帝得知皇太后死讯后,悲恸万分,带病守灵,把丧事办得极其隆重,并且为其谥号系了顺治帝的庙谥"章"字,称其为"孝惠章皇后"。不仅如此,康熙帝还单独为孝惠章皇后修建了清朝第一座皇后陵——孝东陵。对于皇后陵出现的原因,清陵学者徐广源先生是这样认为的:

一、受"卑不动尊"思想影响。世上最尊贵的人莫过是皇帝,皇帝入葬地宫后,地宫石门就会关闭,如果地位低于皇帝的人再进入地宫,那么就会打扰尊贵者的安息。

二、汲取祖母生前未建陵的教训。康熙帝祖母孝庄文皇后生前未建陵,死后给康熙帝留下了很大的麻烦,于是,在孝惠章皇后还健在的时候,康熙帝就开始为其营建陵寝了。

孝东陵鸟瞰图

三、棺椁与骨灰不适合安放在同一座地宫里。顺治帝的孝陵里面安葬的是三个骨灰坛子。而在康熙十三年（1674），清朝已经开始在高层推广汉化的土葬，孝惠章皇后死的时候，使用的是棺椁，如果将孝惠皇后葬入孝陵，棺椁与骨灰坛不好安排。

四、保护孝陵地气。孝陵地宫既然关闭了几十年了，重新打开就很可能泄露地气。

五、报答养育之恩。康熙帝是一个特别注重感情的人，康熙帝是在祖母与孝惠章皇后照顾下长大的。为了报答孝惠章皇后的抚养之恩，特为她单独建陵。

六、康熙帝性格所致。康熙帝是一代英主，他的性格无时不在显示着他的改革创新思想。

也就是说，在康熙年间，清朝就确定了皇陵的三种类型：皇帝陵、皇后陵和妃园寝。因此，慈禧虽然是清朝最为奢华的皇太后，但在皇后陵创立上并非她的独创。

咸丰帝死后，慈禧因自己的儿子当了皇帝而被尊为皇太后，虽然她在咸丰帝生前没当过皇后，但却在咸丰帝死后直接当上了皇太后，这也就等于承认她是咸丰帝的皇后。又因为咸丰帝入葬时已关闭了定陵地宫，所以慈禧死后只能单独建陵。

同治五年（1866），太平天国农民起义已被镇压下去，咸丰帝和孝德显皇后已经入葬定陵，当时清政府与外国的关系也没有重大麻烦，国家出现了相对稳定的局面，这就是被一些史家所称誉的"同治中兴"。这时慈禧腾出了手脚，终于有精力操持自己的百年大事——建陵。

当时有慈安、慈禧两位皇太后，如何为两位皇太后建陵是需要解决的首要问题。关于这件事情，以恭亲王奕䜣为首的朝廷大臣与慈禧发生过多个回合的争论，最终还是以慈禧大获全胜告终。事情的过程大概是这样的：最初大臣们经过小心谨慎的商量，想为两位皇太后建一座陵，即百年之后，两位皇太后的棺椁葬在一座陵的地宫里。于是大臣将这一方案上奏两宫皇太后。

慈安虽然是正牌皇太后，德高望重，可为人忠厚老实，不善于处理国家大事。因此，每次议论、决策国家大事时，慈安虽坐在那里，却很少发言，决定大事的是慈禧一人。对选择万年吉地之事，慈安也是这样。慈禧看了奏折后，非常生气，立刻将议事大臣传到养心殿。她阴沉着脸，强压怒火问道："折子里的建陵方案是怎么回事？"

大臣们跪在地上，知道事情有些不妙，恭亲王奕䜣回答道："臣等共同商议而定。"

"我们大清国的皇后陵也不是建一座了，哪个陵内的地宫里葬过两个皇太后？"慈禧开始耍起混来。

奕䜣依然沉着地回答道："臣等考虑，两位皇太后一起建陵，这在我们大清国来说确实是头一回。臣等所议同陵同穴有其道理。两位太后万年之后同葬一陵地宫，梓宫并排，既无高低之分，也无贵贱之别。这还表明您姐俩儿生前死后都亲密无间，志同道合，永在一起。"

不等恭亲王说完，慈禧说道："就连妃园寝的皇贵妃、贵妃，甚至常在、答应都各自为券，难道我们姐俩还不如她们吗？这不是明摆着要欺负我们姐俩吗？"慈禧的话中已流露出极大的不满和指责。

奕䜣画像

恭亲王见此情景,知道再说下去会遭到强烈斥责,知趣地将话收回:"容臣等回去再议。"

"好吧,你们就都跪安吧。"慈禧见好就收地说道。

恭亲王奕䜣等大臣退出养心殿,回到内务府,一时谁也没有说话。

停顿了好一阵子,总管内务府大臣明善说道:"听太后的话音儿,说妃园寝内的妃嫔都各自为券,似乎只要不同穴就可以了。要不,咱们商量个同陵不同穴的方案?"

恭亲王奕䜣等大臣一听此话,正中下怀,只是没能说得出口,于是众人就在同陵异穴这个话题上议论开了。有的说,在地宫金券内中间砌一道墙,为一券两室,开两个门,类似民间东西屋;有的说,一券两室,不如建两个金券;有的说,后陵地宫非帝陵相比,只两道石门。建两个金券倒不如干脆建两个地宫,也有的说,一座宝顶下建两个地宫,宝城内恐怕容不下,不如方城明楼后面建两个宝顶、宝城。

这时,一直坐在旁边不说话的醇亲王奕譞说话了:"各位大人,我是这样想的,咱们不妨按照景陵双妃园寝的样式,陵的后院分建两座方城、明楼,后面各自独立建宝城、宝顶,东西排列。这样既维护了我朝只建一座皇后陵的祖制,也满足了两宫皇太后各

奕譞像

自为券的意愿。另外,有双妃园寝为前例,也不算改变陵寝规制。不知各位大人意下如何?"

众人对醇亲王的方案一致赞成,齐说高见。当天晚上就写好奏折,第二天一早就递了上去。

众大臣满怀信心地想:"这回太后看了奏折,总该心满意足了吧!"当天下午,慈禧又一次将大臣们召进宫里,面色低沉,与慈安并排坐在炕上,中间还放了一张小炕桌。

"这个建陵方案比上次强些。"慈禧停顿了一下,喝了一口茶,继续说道:"难道我们姐俩的陵只能按照两位皇太妃园寝的样子建吗?"

恭亲王奕䜣一听,知道慈禧已经明白了他们的方案意图,急忙解释道:"臣等的意思是,外观是这个样子,但用料则是黄琉璃瓦、明楼、大殿……"

"住嘴!这些我懂!难道我们姐俩就不配一人建一个陵寝吗?"慈禧声色俱厉,终于一语道出了她的心里话。

"这个?"一向精明干练、善于辞令的恭亲王奕䜣,此时竟也不知怎么回答才好了。

其实,恭亲王奕䜣早就猜出慈禧的意图是要单独建陵。但是,作为议政王、领班军机大臣,国家大事都需要他去考虑。而目前,国家还不大安定,满目疮痍,百废待兴,用钱的地方太多了:咸丰帝后的陵寝修建、丧礼,镇压太平天国、捻军起义……银子花得比流水都快,国库早已空虚了,他上哪里去找银子?别说建两座皇后陵,就是建一座皇后陵的银子恐怕都不够呢。

现在,面对慈禧直截了当地提出建两个皇后陵的建议,他怎么说才好?恭亲王奕䜣想了想,硬着头皮说道:"皇太后说的是。修建两座皇后陵是再好不过了,臣等也想过这个方案,但未敢上奏。臣等深知两位皇太后素以大清江山社稷为重,励精图治,体察民情,爱民如子,德泽苍生,重节俭而黜奢华,废虚荣而务实际。至此国库空虚,百废待举之际,如果提出修建两陵,怕受到皇太后的指责,以烦圣虑……"恭亲王奕䜣的话中还带有要否定建两陵的含义。

已垂帘听政五年之久的慈禧，对于国家的现状何尝不知道，但慈禧的处世原则是：一切为我所用。她想做的事情，别人是无法阻止的，更何况是关乎自己陵寝的大事。

"你说的也有些道理。我们姐俩确实也是这么想的。现在皇帝岁数小，我们姐俩为了大清的江山操劳了这么多年，没过过一天省心的日子，心都操碎了，孤儿寡母的，真的不容易！如今国家安定下来了，我们姐俩不求别的，只想死后有一个遂心的万年吉地。"说到这里，慈禧停顿了一下，提高嗓门说道："节省是应该的，但总不该只从我们姐俩身上节省吧？为我姐俩单独建陵，难道我们姐俩不配吗？我们姐俩宵衣旰食，心力交瘁，完全是为了大清爱新觉罗……"慈禧说着说着，还真生气了，面颊上的肌肉接连颤动了几下，"恭亲王！先帝和我们姐俩最信任你，你就瞧着办吧！跪安吧！"

恭亲王奕䜣和众大臣退出养心殿，回到内务府。这回谁也不先说话了，各自想着自己的心事。自从慈禧垂帘听政以来，大臣们深知慈禧的脾气和手段，顺者昌逆者亡，这个道理是最简单不过了。现在太后动怒了，不建两座太后陵显然是行不通了。可是，巧妇难为无米之炊呀！

"各位大人"，恭亲王奕䜣站起来，在屋里走了两个来回，说道："皇太后一向深谋远虑，洞鉴万里，现在国库里没银子想必早已知道，既然让咱们建两座，咱们就按皇太后的懿旨去办吧！缺银子让皇太后想办法，咱们干现成的，既省心还不抗旨。"

大臣们一听，都说说到自己的心里去了，立刻决定按照两座皇后陵寝样子绘制图纸……

当恭亲王奕䜣等人将奏折和两座陵寝图纸递上后，慈禧非常满意，于是再次召见众大臣。

"这次你们制定的方案，我们姐俩还算比较满意，但还有一些不足之处，不过以后再说也不晚。至于建陵的经费……现在国泰民安，老百姓的日子一天比一天好，人人感到皇恩浩荡，想报效朝廷的、效忠皇上的人不少，所以赋税啥的……"，慈禧说到这里，伸出手来，掌心向上，抬了一抬。又继续说道，"总之，皇宫不产银子，你们也拿不出银子，这要'羊毛出在羊身上'"。

恭亲王等人早就料到这一点了，但没有想到慈禧会这么直白地说出来，心里不免对这个女人又增添了一分畏惧，"皇太后圣虑周详，明鉴万里，臣等不及万一"。

"为了我们姐俩的事，同时也为朝廷费了不少的心，也难为你们了，特赏……"

众大臣一齐跪倒谢恩，高呼："谢皇太后隆恩！愿皇太后万岁！万岁！万万岁！"

在中国国家图书馆收藏的清朝陵寝样式雷图档中，还有一份由雷思起设计的一份仿照景陵皇贵妃园寝格局的图纸。在这个方案中，在同一陵院的后院内分别设置两座地宫、宝城及方城、明楼，东西平列。方城前各设一座石五供，隆恩殿一座，共用。在隆恩殿两侧设面阔红墙。面阔红墙上各辟陵寝门一座，分别与一座方城、明楼相对。东西配殿、燎炉、隆恩门、值房、东西朝房、神道碑亭、神厨库、井亭、下马牌皆统一配置，为两后共用。在神道碑亭内立碑两统，每后立一统。这一设计方案因未获慈禧认

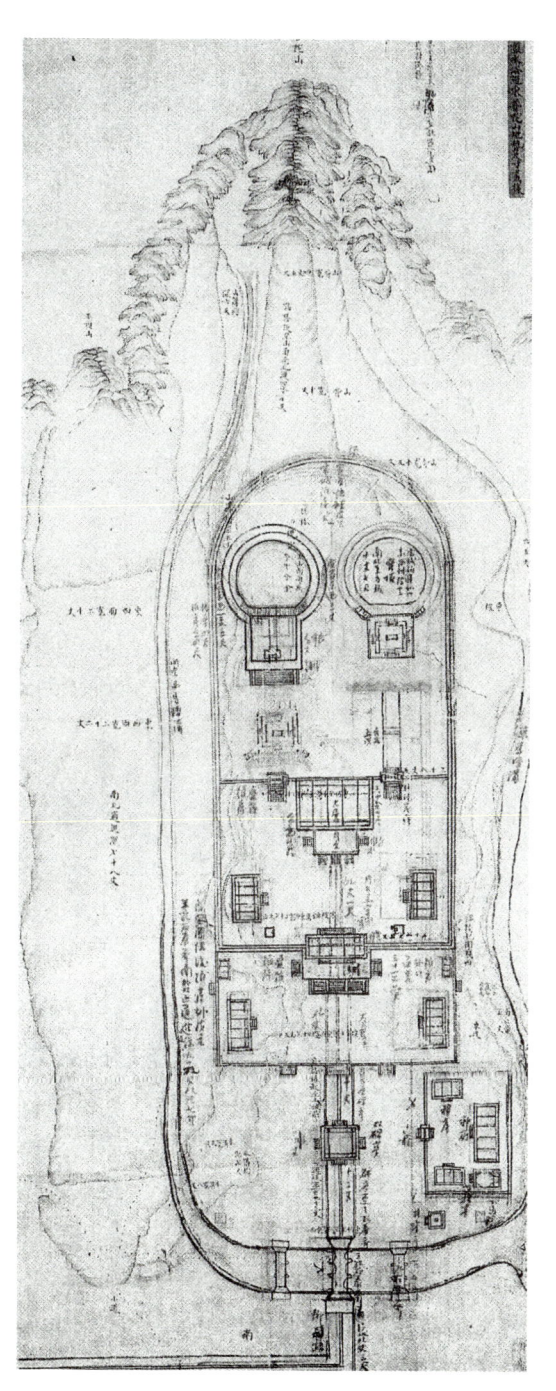

普陀山曾拟定万年吉地各座规制丈尺底盘画样（中国国家图书馆藏）

同而被否定。

另外，在样式雷图档中还有按景陵皇贵妃园寝和慕东陵格局绘制的图档，即将定陵妃园寝进行改建，在后院建并列的两座地宫、宝城和方城、明楼的设计方案，当然这也未能实施。在这些设计方案中，总的原则都是出于节省，当时的大清帝国国库空虚，正处于经济困难时期，而慈禧仍为了自己的私欲，不顾人民死活和国家安危，营建自己的陵寝。

不管怎么说，大清国为两位皇太后建陵的事情就这样确定下来了。

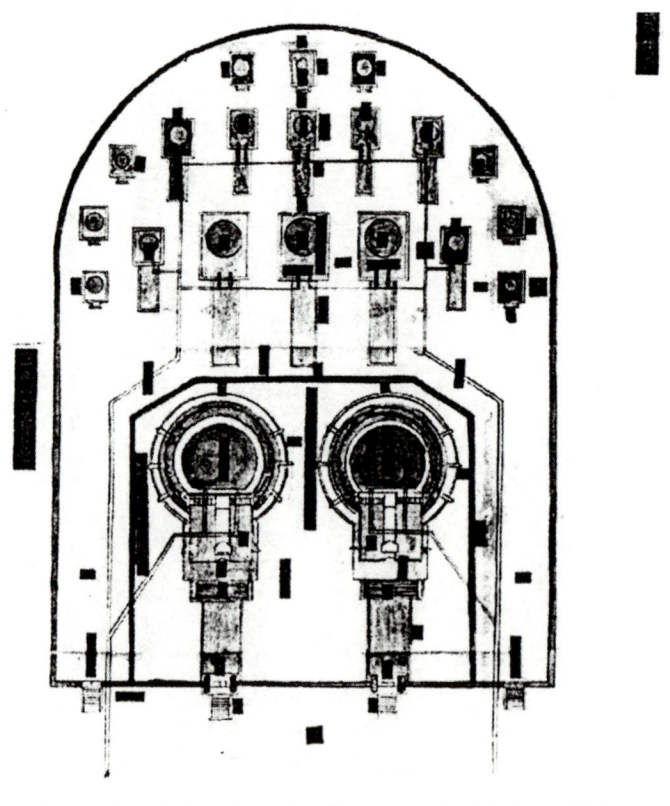

拟修改顺水峪券座为皇后陵分位尺寸画样（样式雷图档）

陵址：一个艰难的选择

同治五年（1866）九月，慈禧派周祖培、英元、全庆等大臣带领张元益、高士龙、宽惠三位风水官在东陵境内为两宫皇太后选陵址。对此，样式雷图档《堂谕档普祥峪菩陀峪纪事》有详细记载。这些人在东陵分别察看了普陀山、平顶山、羊肠峪、成子峪、松树沟等五个地方，并且在每个地方都收集了相关资料，以便随时查照。相度每个地方都要做以下几方面工作：

一是由堪舆官员查勘山水格局，拟定穴位，栽埋志桩。以此判断此地点"龙""砂""穴""水"是否合乎"风水之法"，与定陵"壬丙山向系"的龙脉是否"一脉相连"。

二是由雷思起丈量地势尺寸、抄平，绘出相应的"地势尺寸画样""山向定点穴图""志桩图"等画样。

三是算房梁桩根据雷思起丈得的地势尺寸，勘估是否合乎陵制规模。

将勘测的结果上奏时还要附上各处吉地"说帖""地势尺寸略节"等附件，以便御览，并要留有底稿。

同治六年（1867）二月初五日，慈禧再次降旨，命奕䜣、周祖培、英元带领随同官员赴东陵相度地势。

由于皇后陵只能建在皇帝陵的左右，而咸丰帝选定陵陵址时，定好了妃园寝位置，但没有定皇后陵位置，因此，皇后陵的选址出现了很难的局面：定陵西侧是西大河，河的西岸不宜建陵，以避牛郎与织女之意，更主要的是有河相隔，将来神路不便与定陵神路相接。所以慈安、慈禧的陵寝只能选在定陵以东、裕陵妃园寝以西的地方。这些大臣和风水官们，通过仔细覆勘，一致认为："定陵宝山系昌瑞山分支，西来至此耸峙而止，以东即羊肠峪、顺水峪、平顶山、普陀山四处，均与定陵山势相连，实出一脉，再东即裕陵妃园寝，应毋庸议。"因此，西大河以西的地方均被否定了。

这里需要说明一下：为什么裕陵妃园寝以东就"毋庸议"了呢？因为清朝陵制，皇后陵和妃园寝必须建在同朝的皇帝陵的左右，以成陪葬之义。也就是说同一朝的帝、后、妃陵寝必须连成一片，形成一个独立的区域。在这一区域内皇帝陵为主陵，皇后陵和妃园寝是附属陵寝。裕陵妃园寝是乾隆帝的妃园寝，如果在裕陵妃园寝以东选择，就等于把咸丰帝的皇后陵插到了乾隆朝的帝后妃陵寝范围之内了，也等于在咸丰朝、乾隆朝陵域内互相圈进了对方的陵寝，这是绝不可以的。所以慈安、慈禧的陵址只能在定陵以东、裕陵妃园寝以西的范围内选择。从表面上看，

慈禧陵西配殿内砖雕砖扫金的五福捧寿图案

相度的范围缩小，选择的位置就好确定，即只能在羊肠峪、顺水峪、平顶山、普陀山四处选择。

经考察，羊肠峪在定陵以东半里，定陵妃园寝以西，虽与定陵来脉一致，但"山水无情"，不是佳壤，所以只能放弃。

顺水峪建有定陵妃园寝，不能拆，这处地点也只能放弃。

这样就只剩下定陵妃园寝以东、裕陵妃园寝以西的平顶山和普陀山这两个地方了，这就意味着慈安、慈禧两位皇太后的陵寝只能选在这两个地方了。行也得行，不行也得行。这两个地方是不是风水宝地、上吉佳壤呢？清陵学者徐广源先生从中国第一历史档案馆浩如烟海的清宫档案中发现了一个关于平顶山和普陀山的秘密。原来，这两个地方早在道光初年为道光帝相度万年吉地时就被相度过。当时的相度大臣是文渊阁大学士戴均元、工部尚书穆克登额、兵部左侍郎阿克当阿，他们奉命率领风水官内务府郎中石柱、工部额外主事陈孝宽、举人赵佩林、候选知县蔡鸿升、大使职衔宋泗、笔帖式毓庆、钦天监挈壶正姚绍基到东陵境内遍行相度。这些人看了许多地方，都不中意，最后选中了景陵皇贵妃园寝以东的宝华峪（当时称"绕斗峪"），得到了道光帝的赞同。戴均元等人所选的地方中就有平顶山、羊肠峪（当时称"阳长峪"）等地方。他们一致认为那里"或山气粗直，或两水不交"，因而被放弃未用。虽然年代不同了，风水官不是一个人，但对于同一个地方绝不会产生截然相反的两种结果。这两个地方也绝不会因过了四十六年（1821-1867年）就会变成风水宝地。但只剩下这两个地方了，其他的地方又不能选，这可怎么办呢？聪明的风水官自然会有高招。

精通堪舆的内务府员外郎宽惠、松瑞，礼部主事张元益，刑部主事高士龙等官员，在呈给两宫皇太后的风水说帖中对这两个地方做了如下精彩描述：

> 谨看得定陵一脉迤东附近内，普陀山山势尊严，由昌瑞山来龙，至凤台山过峡起，金星圆顶，开面落脉，结咽束气，顿挫而下，结成突穴。左右护砂环绕，界水分明，堂局严密，唇气纡徐，内水宜出于丁未方，立壬山丙向兼子午分金。前面平安岭为玉几案，案外金水大山为芙蓉帐。上吉之地。
> ……
> 又谨看得定陵一脉普陀山迤西平顶山，山势秀丽，由普陀山分支，过峡顿起土星平顶，开面落脉，结咽束气，曲折而下，结成窝穴。左右护砂回环，界水分明，堂局整齐，唇毡平坦，内水宜出丁未方，立壬山丙向兼子午分金，前面平安岭为天财案，案外金水大山为芙蓉帐。上吉之地。

这样的描述，即使不懂风水的人看了，也会为之心动的。同治六年（1867）二月二十六日，慈禧派遣亲近大臣带领风水官员再一次相度。事后，候补四品京堂彭祖贤、鸿胪寺少卿文硕等向慈禧奏道：

> 恭候皇上亲政后展谒东陵之日，亲诣覆勘。钦定方位，再议兴修，则愈慎重而愈昭孝敬。

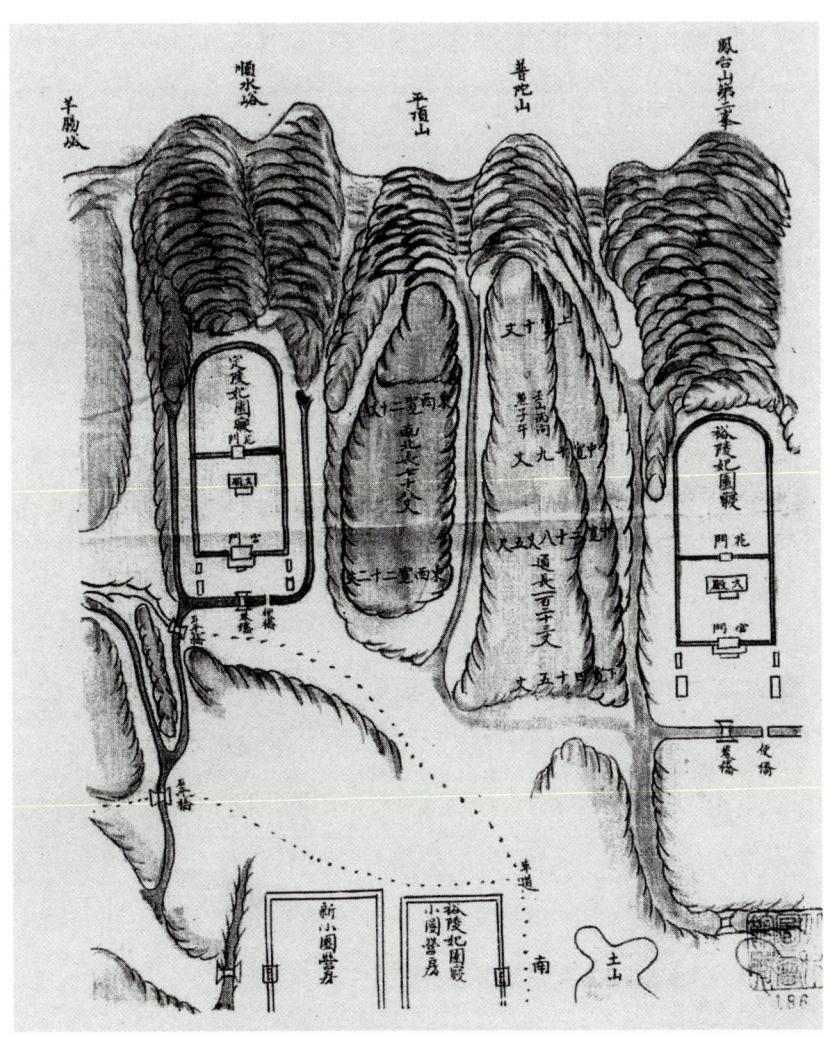

普陀山地势尺寸画样注有"土山内向兼子午"山向（中国国家图书馆藏）

看过奏折后，慈禧添派恭亲王奕䜣，会同大臣周祖培、全庆、英元，仍带堪舆再行前往，共同相度陵址。

作为自己死后的一方乐土，作为也许影响大清江山万代的风水龙脉，慈禧不得不慎重，也不能不慎重。在心中盘算了好久之后，为了慎重起事，慈禧再次降旨命令恭亲王奕䜣，带领刑部郎中德馨、理藩院郎中奎斌、户部主事金星榆、正红旗汉军参领德泰、军机章京江人镜、司员宗人府理事官宗室文华，以及书算人等新一拨相度人员再次会同相度陵址。这一次，江人镜等人将勘查结果写成的风水说帖呈递慈禧：

> 江人镜、宽惠、松瑞、张元益、高士龙，谨覆看得普陀山、平顶山俱系亥龙入首。前拟前穴地位，壬山丙向，本与龙脉相合，其立穴有高下之分者，因用兼子午分金，今再四审度，若用壬丙兼亥巳丁亥丁巳分金，两穴方可平列，于来龙水法仍属合局。普陀山坐金星，平顶山坐土星，前者有平安岭作朝，左右护砂，互相环抱。两穴内堂水均出丁未方，与神道水会合。外堂水均出巽方，且与定陵壬丙山向系属一脉。

同治十二年（1873），慈安、慈禧两位皇太后已垂帘听政十二年，慈禧的儿子载淳也即将亲政。三月初九日是清明节。两宫皇太后借同治帝去东陵到定陵给父皇咸丰帝行敷土礼和大飨礼的机会，两宫皇太后到这两个地方亲自阅视了一遍，见那里"地势雄秀，山川环抱"，深感满意，但对于地名有些不遂心。于是在三月十五日，同治帝遵奉两宫皇太后懿旨，将平顶山改名为"普祥峪"，将普陀山改名为"菩陀峪"。将陵址所在地改名并不是慈禧的首创。清朝从乾隆帝的陵址开始都称"某某峪"，一直到最后光绪帝的金龙峪。有明确记载改名的是道光帝的陵址，由绕斗峪改名为"宝华峪"。

根据上述档案得知，慈禧、慈安两皇太后陵陵址是按照在一起的条件下选定的，没有被分开选择，即慈禧陵在哪里，慈安陵也选在哪里。

同治十二年（1873）三月十九日，同治帝敬奉两宫皇太后懿旨，正式公布普祥峪和菩陀峪分别为慈安和慈禧的万年吉地，择吉兴工。同时任命了两陵的承修大臣。普祥峪万年吉地（慈安陵）的承修大臣是惇亲王奕誴、协办大学士全庆、总管内务府大臣都统春佑、工部右侍郎荣禄；菩陀峪万年吉地（慈禧陵）的承修大臣是醇亲王奕譞、左都御史英元、总管内务府大臣吏部侍郎魁龄、总管内务府大臣明善。

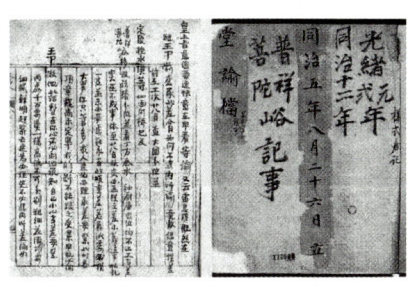
堂谕档普祥峪菩陀峪纪事

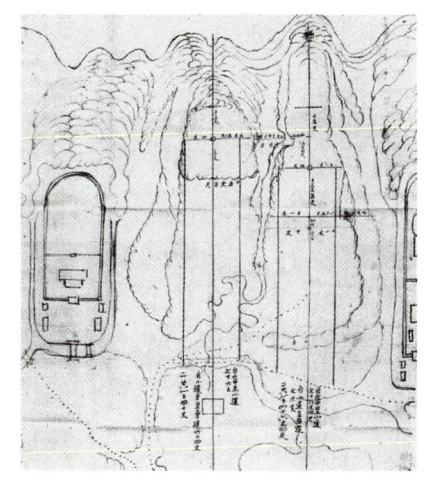
普陀山平顶山志桩山向草图（中国国家图书馆藏）

三月二十一日，因左都御史英元公务较多，改派兵部尚书英桂接替英元为承修大臣。

四月十七日，风水官员等覆勘普祥峪、菩陀峪两陵志桩时发现两个问题：一是两陵穴位不平列，有前后之分，即慈安陵落北，慈禧陵落南。这不仅有尊卑之嫌，在外观上也不好看；二是两陵地的地势低洼、沼泽遍地，对于建陵很不利。

经过详细考察和研究，以上两个问题均得到圆满解决。

第一道难题的解决：承修大臣们建议将"普祥峪志桩须下移一丈五尺二寸，西移四尺七寸五分；菩陀峪志桩须上移七尺四寸，东移八寸，两穴使平"。七天后，两宫皇太后批准了他们的建议。

第二道难题的解决：采用起运客土，增培补垫的方法。"客土"，即外地的土。土质要求洁净，颜色纯正，细腻无沙，客土必须采自陵区外。经过四处仔细寻找，在东陵南口子门外的南新城城西找到了一块土地，经刨验土质，完全符合标准。这块地共有一顷二十五亩三分六厘，其中九十九亩七分六厘是内务府会计司庄头的租地，二十五亩六厘为陵寝祭品地。经奏准后，责成遵化州从其他地方拨补土地。把这块地平均挖取五尺深，将土运到普祥峪和菩陀峪工地，用以解决地势低洼有水的问题。

慈安、慈禧两座陵寝的选址工作，从同治元年（1862）算起，到同治十二年（1873）止，历时十二年之久。

非同一般的建筑

陵址选定了，承修大臣也任命了，错位和低洼的问题也解决了，两处的工程处也组建了，下一个问题就是建什么样规制的陵寝。慈禧专横跋扈、奢侈攀比的心理，承修大臣们都心知肚明，因此在陵寝规制的问题上，承修大臣们格外小心谨慎。为确保万无一失，承修大臣们特地将孝东陵、昭西陵、慕陵的工程黄册及相关档案调来，以便借鉴和参考。不仅如此，他们还特意将宝华峪陵寝的案卷也调来，希望从这座废弃的道光陵中吸取经验和教训。

在此之前，清朝已建起了五座皇后陵，但规制各异，各有特色。昭西陵是由暂安奉殿改建的，规制特殊；孝东陵是皇后陵兼妃园寝，且有一些不完备之处；昌西陵规制大为缩减，连方城、明楼都未建；慕东陵是由妃园寝升格的，不仅规制低，而且也是后、妃混葬。只有泰东陵恢宏壮丽，但又未建神道碑亭。

经过承修大臣和相关工程人员的反复设计、推敲，最后决定两陵建筑总体上仿泰东陵规制，地宫仿慕陵，陵寝门仿昭西陵，仿昭西陵建神道碑亭。两陵东西并排。因两陵地势相连，受地势的限制，中间只隔一条马槽沟，慈安陵的神厨库及井亭只能有一部分建在慈禧陵地界内，这不但占用了慈禧陵的用地，也影响了视觉上的美感。那么就不如将慈安陵神厨库改建到慈禧陵神厨库和井亭的南面，两座陵寝神厨库建在一处，南北排列。两宫皇太

定东陵鸟瞰

后最后同意了这一建陵方案。

同治十二年（1873）七月二十九日辰时，两陵破土，八月二十日未时，两陵同时兴建，历经六个寒暑，到光绪五年（1879）六月二十二日，慈禧和慈安两陵同时竣工。两陵的建筑规制除一些细小部位的做法有些不同外，基本上是完全一样的。

珍藏在中国第一历史档案馆里的《菩陀峪万年吉地修建地宫殿宇房间等工销算银两通总黄册》档案非常珍贵，详细记载着慈禧陵的规制及各项开支，是了解慈禧陵最好的史料，现抄录如下：

> 菩陀峪万年吉地地宫金券一座，门洞券一座，罩门券一座，石门二层，闪当砖券一座，隧道砖券一座，册宝座二座，龙山石四块。龙须沟二道，凑长六十一丈八尺。宝城一座，

慈禧定东陵烫样

慈禧陵方城明楼及石五供

方城一座，前月台一座，礓磜一座。明楼一座，四面各显三间，内里石碑一统。方城扒道券门外木踏跺二座。台石五供一座。琉璃花门三座，前月台三座。大殿一座，计五间，前月台一座。内里明间暖阁宝龛一座。东西配殿二座，每座计五间。焚帛炉二座。宫门一座，计五间。前月台一座。前月台一座（注：这座月台指东西朝房之间的大月台）。东西朝房二座，每座计五间。东西值房二座，每座计三间。一路三孔石券桥一座，两边三孔石便桥二座。碑亭一座，四面各显三间，内里石碑一统。神厨一座，计五间。神库二座，每座计三间。省牲亭一座，四面各显三间，后雨搭三间。大门一座，井亭一座，井一眼。东西下马牌二座。收藏五供库房一座，计三间。砂山南口值房一座，计三间。罗圈墙一道，围长三十五丈三尺七寸。面阔红墙八道，凑长三十丈八尺二寸，随门口二座。进深红墙四道，凑长八十三丈一尺一寸。神厨库并值房围墙、院墙凑长六十丈二尺一寸。随面阔红墙下泊岸八道，凑长三十丈九尺。罗圈墙、进深墙下更道凑长一百二十一丈三尺三寸。神厨库围墙下泊岸三道，凑长四十四丈八尺。下马牌以南石泊岸一道，长二十二丈三尺六寸。御路二道，凑长三十丈，随三孔桥河桶二，建泊岸二道，凑长四十二丈九尺。东马槽沟一道，长八十二丈九尺一寸，随背后石泊岸一道，长六十六丈五尺。迎水石坝一道，长十六丈。中马槽沟东河帮一道，长六十七丈四尺，河底北一半长三十三丈七尺。随中马槽沟分修石平桥一座。泄水沟一道长三十一丈五尺。迎水沟一道，长十丈。水簸箕二座，挡水石坝二道，凑长十四丈九尺。海墁甬路八块，凑长九十四丈一尺五寸。豆渣石海墁三块，长七十二丈九尺二寸。土甬路一道，长二十七丈二尺。院内树池四十座。红墙外树池一百二十二座。缸座五分，铜鼎鹤鹿座四分。弓箭枪架四座。

后宝山培补龙背，长十六丈。东北水簸箕外培堆小砂山二道，凑长五丈。随东小砂山下石泊岸一道，长五丈六寸。罗圈墙外蝉翼砂山二道，凑长三十六丈。随西蝉翼砂山下，挡土石墙一道，长十丈。东面、南面培堆外砂山，凑长一百八十一丈四尺五寸。裕妃陵西河口培堆砂山二段，凑长三十二丈。随工作开空食水井三眼，以及各座油画漆饰、裱糊、各处起刨平垫地面，补垫坑坎树窝、刨运砖石渣、成搭槽口罩棚、大罩棚，随看守更房六座，共计八间。成搭圈厂棚座，并采买桅杆架木，各作短运拉运各次物料车脚，打造熟铁，铸造生铁签锭鋄银槽活等项。除行取领用锡铅叶铁平铁、纱绢绫布、高丽纸、江米、颜料、桅木、架木、金砖、琉璃脊瓦料、各座铜活,应由造办处自行办理,其糟朽木植折作木柴抵除银两外,净按例销算工料银两细数理合逐一开明:

物料银一百二十八万八千零四十六两六钱四分四厘

工价银七十三万三千八百五十六两二钱五分一厘

油画漆饰工料银三千六百七十七两七钱二分四厘

裱糊工料银一百五八两六钱三分四厘

窨子棚布里工料银四十九两五钱一厘

锡作工料银四十五两九钱九分三厘

铁作工料银二万八千七百八十六两五分四厘

鋄银槽活工料银一百三十二两六钱六分八厘

拉运领用桅杉架木杉槁车脚银九千六百零七两四钱八厘

拉运行取叶铁平铁铅锡江米颜料金砖车脚银一万三千零七十六两一钱九分四厘

拉运交存石门工部架木车脚银三百五十三两六钱六分

共销算工料银一百九十九万七千七百九十两七钱三分一厘,内除糟朽木植折作木柴抵银九十二两三钱四分七厘

净销算工料银一百九十九万六千七百九十八两三钱八分四厘

采买楠木实银一十七万八千五百三十五两四钱六厘

采买桅杉架木杉槁实银一十万零四百八十四两二钱五分六厘

通共销算工料银二百二十七万五千八百一十八两四分六厘

通过记载发现，慈禧陵后宝山做过培补，以及东砂山外添加过砂山等情况。

据《普祥峪万年吉地修建地宫殿宇房间等工销算银两通总黄册》记载，建慈安陵通共销算工料银二百六十六万五千七百四十三两八钱二分三厘，比慈禧陵多花了白银三十八万九千九百二十五两七钱七分七厘，近三十九万两银子。既然两座陵寝的规制是一样的，甚至所用的建筑材料都一样，为什么慈安陵比慈禧陵多花了三十九万两银子呢？而且据后来清东陵文物管理处保卫科在两陵安设避雷针时发现，慈禧陵的海墁砖地面铺墁了四层，而慈安陵则只铺墁了三层，按说慈禧陵比慈安陵多花才对，为什么慈禧陵倒少花了呢？三十九万两可不是小数目。经过对两部《通总黄册》初步核对发现，慈安陵在物料银上比慈禧陵多花十八万二千九百二十四两，在工价银上慈安陵比慈禧陵多花三万七千八百七十二两，在铁作工料银上慈安陵比慈禧陵多花二万四千二百二十八两。慈安陵在计算开销时将两次分修桥道七万二千六百七十七两计算在内，而慈禧陵这两次分修桥道银未计算在内。仅以上三项，慈安陵就比慈禧陵多花了三十一万七千七百零一两银子。如果慈禧陵也将两次分修桥道的银子计算在内，那么慈安陵则比慈禧陵多花了约二十四万两银子。

到底慈安陵比慈禧陵多了哪些工程呢？

一是慈安陵比慈禧陵多修了近三百米神路。慈安陵的神路与西面的定陵神路相接，其间有定妃园寝相隔，而慈禧陵神路只与相邻的慈安陵神路相接。表面上看神路工程很简单，似乎花不了多少银子，实际不然。神路最下层是密排的柏木钉。每根柏木钉长七尺，都是独根的柏树。柏木钉之上是夯土，夯工之上铺墁二至三层砖。最上层砖用的是质量极高的由山东临清烧制的澄浆砖，而且采用干摆的墁法。神路宽约十一米，中间是中心道板石，两边是牙石，道板石与牙石之间墁砖，牙石外侧是散水砖。近三百米神路的花费可不是一个小数字。

二是慈安陵比慈禧陵多修了二百米长的马槽沟和一座石桥。慈安陵西马槽沟向西一直通向定陵妃园寝以西，与定陵妃园寝的西马槽沟相接。马槽沟宽六至七米，深约四五米，沟的两帮都用巨大的豆渣条成砌，豆渣石背后砌糙砖，河底也用巨大的豆渣条石铺墁，石下为夯土，夯土下是柏木钉，凡豆渣石之间都用铁银锭相连接。其工程量比同长度的神路还大，花钱还多。

三是慈安陵比慈禧陵多修了长约一百米的砂山。慈安陵的砂山高约七米，底宽约十几米，上面满植松柏树。慈安陵的砂山与其他陵不一样，砂山两侧地面全用澄浆砖铺墁，外侧有砖石泊岸。在砖石墁地上预留出很大的圆坑，砂山就在这圆坑上培堆。堆砂山的土一部分使用宫殿开槽出来的土和砖石废渣，大部分使用客土。所谓客土就是从陵区之外运来。这自然就增加了工程的费用。

四是两陵神厨库虽然都在慈禧陵东侧，但是因为慈安陵神厨库地理位置要低于慈禧陵神厨库，为了保持两神厨库位置一样高，建造时将慈安神厨库地势垫高了很多，为此多花费了不少银两。

仅以上四项工程，慈安陵比慈禧陵多花三十多万两银子完全是可能的。

两陵在营建之前，陵址之处是隐天蔽日的松树林。为了营建陵寝，必须把这些树砍掉。当把这些树砍掉之后，发现了一个重大问题：东边与裕陵妃园寝相接，西边与定陵妃园寝相邻，南边与裕陵妃园寝内务府营房，即裕小圈相接，站在北面往南一看，全是一片鳞次栉比的房屋。这种环境与庄严肃穆的皇陵极不协调。怎么办？这难不倒承修大臣和聪明的风水官。他们在两座陵寝的东、西、南三面培堆了砂山，砂山上满植松柏树，北面是昌瑞山右侧支脉，形成了四面环山的形势。东面留了一个山口，西面留了两个山口，以便谒陵人和在陵上当差的人通行。这三个山口都堆成S型弯道，称"掩映口"，人即使站在山口外也不能直接看到砂山之内的任何情况。巧妙的设计，使得两座陵形成了一个独立的小环境，周围有松林荫护，显得十分幽静肃穆。这样不仅将裕陵妃园寝、定陵妃园寝这两座妃园寝和陵寝内务府营房都遮挡住，还能在一定程度上抵挡外界风沙的侵袭。砂山的妙用在定东陵修建上得到了完美体现。

新建成的慈安陵和慈禧陵，连成一片，恢宏壮丽，金碧辉煌。集清朝皇后陵规制之大成，可以说是清朝等级最高的皇后陵。

这两座皇后陵不仅规制最为宏大，而且名字也最为奇特。清朝陵制，无论皇帝陵还是皇后陵，只有皇帝和皇后死以后才可以确定陵名。墓主人生前是不能给陵寝命名的，生前的陵寝只能称"万年吉地"，前面冠以地名，如"菩陀峪万年吉地"。

慈安陵的正式名称是"普祥峪定东陵"，是光绪七年（1881）三月二十一日慈安死后十天确定的；慈禧陵的正式名称是"菩陀峪定东陵"，是在光绪三十四年（1908）十月二十七日慈禧死后五天确定的。

为什么说这两座陵的名字是最为奇特的呢？

首先，应该了解清朝皇后陵的命名方法。具体是这样的：清朝陵寝都是坐北朝南。凡皇后陵都建在皇帝陵的东旁或西旁，是皇帝陵的附属陵寝，因此没有必要另立陵名，皇后陵的陵名是随着皇帝陵的名称而确定的。皇后陵的第一个字用皇帝陵的第一个字，第二个字用皇后陵与皇帝陵的相对方位字，如果位于皇帝陵的东旁，则用"东"字；位于西旁，则用"西"字。这种方法是从康熙年建的孝东陵开始的。以后清朝所建的皇后陵均按此种方法命名，成为定制。

这种给皇后陵命名的方法有许多好处：凡清朝皇后陵的陵名都是三个字，从陵名上就可以知道这座陵是皇后陵，从陵名就可以知道这座皇后陵内葬的是哪位皇帝的皇后，比如"泰东陵"，因为泰陵是雍正帝的陵，所以泰东陵内葬的是雍正帝的皇后；从陵名就知道这座皇后陵在皇帝陵的东旁或西旁，比如昌西陵，我们不用到现场去，就知道这座陵位于嘉庆帝的昌陵西旁。因此说，这种给皇后陵命名的方法是很科学合理的，这是清朝的独创。

然而，慈安和慈禧的陵名却不是三个字，而是六个字，这在以前是没有的。为什么会出现这种情况呢？这种特殊情况的出现与同时营建两座皇后陵有直接的关系。慈安和慈禧都是咸丰帝的皇后，她俩的陵又都在咸丰帝的定陵的东面，根据上面的命名方法，他们俩的陵都应该叫"定东陵"。可是这就有一个问题，不能区分是谁的陵。怎么办？不知是哪位高人给出了这样一个主意：在"定东陵"三个字之前分别冠以每座陵所在的地名。慈安陵位于普祥峪，称为"普祥峪定东陵"；慈禧陵位于菩陀峪，称为"菩陀峪定东陵"。这样就可以很容易区分两座皇后陵。试想一下：

如果两位皇太后建一座陵,同陵同穴或同陵异穴,就不会出现这种奇特的陵名了。由此可见,这种奇特的陵寝名称的出现,是由于慈禧的私心和贪婪的占有欲造成的。

后来,人们为了称呼上便捷,干脆不叫正式陵名,只叫"慈安陵"和"慈禧陵",而当地人则习惯称慈安陵为"旧太后陵",称慈禧陵为"新太后陵"。

第四章
最豪华的女人墓地

不甘居人下的慈禧，将自己刚建成十六年的陵寝大拆大修，同时在陵寝建筑上搞起了豪华装饰，即使紫禁城的金銮宝殿也为之逊色。极好的风水、精美豪华的陵寝、价值连城的藏宝，作为最会享受的女人，慈禧拥有了这一切，终于认为死后可以舒舒服服地躺在地宫里开始另一个世界的生活了。

陵墓位置的尊贵

中国是礼仪之邦，历来十分讲究排列次序，谁在前谁在后，谁在左谁在右，都是大有学问的。建好的两座定东陵东西并排，慈安的普祥峪定东陵在西，慈禧的菩陀峪定东陵在东。慈禧生前称"西太后"，慈安称"东太后"。令人奇怪的是，东太后的陵寝却在西面，西太后的陵寝却在东面，这究竟是怎么回事呢？

慈禧、慈安虽然都是皇太后，死后葬在同样规制的陵寝里，但在普遍认为"左为贵""东为大"的那个时代，两位皇太后的陵寝如何安排，这里确实大有文章。因此社会上出现了许多传说。

《慈禧弈棋》图

故事一：下棋打赌巧得。慈禧到东陵相看风水时，一眼就相中了东边的那块风水宝地，但慑于祖宗家法，一直不敢开口和慈安相争。有一次，两位皇太后下棋，慈禧忽然心生一计，装出开玩笑的样子对慈安说："姐姐，咱姊妹俩这么下棋多没意思，不如打赌下棋开心，三盘两胜定输赢，谁赢了就可提出一个要求，输者不能拒绝，你看如何？"憨厚老实的慈安不知是计，漫不经心地回答道："可以，我若输了，你提什么我都答应。""那好，可别反悔。"慈禧补充了一句。慈安依然说："决不反悔！"二人达成协议后，开始在棋盘上杀将起来。平时慈禧棋术逊于慈安，所以往往输给慈安。这次，慈禧深知事关重大，因而全神贯注，使出了浑身解数，而慈安毫无准备，慈禧竟以二比一险胜慈安。慈安一边收拾着棋子，一边问慈禧想要什么。慈禧故意沉默了一会儿，很为难地说："我不好意思说。"慈安不以为然地说道："你就尽管说吧，姐姐保证不食言！"慈禧听了，不再沉默，换出一副哀怜的样子说："姐姐，好姐姐，求你将东边的那块'万年吉壤'让给妹妹吧！"慈安一听这话顿时傻了，知道中了慈禧的诡计，没想到她会提出如此重大的事来。慈安沉思了片刻，说道："我既有言在先，也不好驳你的面子。只是这是祖制，我也做不得主儿。"慈安想抬出祖制堵住慈禧的嘴，这是一个既不食言又站得住的绝好理由。但慈禧却来得更绝，回应说："这祖制虽是如此，但总有些因人而变的地方，若纯依祖制，咱姐妹俩何以能垂帘听政？你我的陵寝自是咱姐妹俩个人的事，与祖制何干？与别人何干？好姐姐，你就让了我吧！"老实嘴笨的慈安听了，不再言语，犹豫了好长时间，终于做出让步："那就依了妹妹！"

故事二：死后使强霸占。 慈禧历来就争强好胜，总想处处压人一头。她早就看上了东面的慈安的那块风水宝地。慈安活着的时候，她不敢声张，而等慈安死后，她便不再顾忌祖宗家法和朝廷制度，不顾"东为大，西为小"的规矩，愣是把东太后葬在了西边的陵，而把东边的陵留给了自己。

实际上，以上两种传说都是子虚乌有。将东太后慈安葬在西边，西太后葬在东边，是有其道理的。其理由有四个：

其一，咸丰帝的定陵是主位，皇后陵定东陵则是附属陵寝，属于从属地位，那么作为定东陵墓主人的慈禧、慈安来说，她们谁离定陵近，谁就是身份更尊贵，这是宗法制度所决定的。慈安葬于西边的陵，从地理位置上就更靠近咸丰的定陵，而慈禧葬入东边的陵，就其地理位置来说，离定陵的距离自然相对远些，这表明西边的慈安陵比东边的慈禧陵位置尊贵。

其二，清朝皇陵中的神路，均按照"以次接主"的规制而成。咸丰帝的定陵神路接在顺治帝的孝陵神路上，慈安陵的神路又接在咸丰帝的定陵神路上，慈禧陵的神路则是接在慈安陵的神路上。这表明慈安陵的地位高于慈禧陵。

其三，从生前的地位看，慈安也是高于慈禧的。咸丰二年（1852）十月，慈安被咸丰帝立为皇后，是正式经过册封的中宫皇后。而当时的慈禧位号只是贵人，其能成为皇太后，完全是因为自己的儿子继承了皇位，是"母凭子贵"。

其四，从称呼上也可以看出谁更尊贵。慈禧被称为"圣母皇太后"，慈安则被称为"母后皇太后"，在排名尊贵上，母后皇太后在圣母皇太后前。因此，尽管慈禧在年龄上大慈安两岁，但慈禧要管慈安叫"姐姐",这是由身份地位高低所决定的。

综上所述,两座陵寝在地理位置上的差异与墓主人生前称呼上的差异没有直接关系,民间的传说故事是不足为信的。然而,两人生前的暗中争斗还是有的。

两个女人的较量

古语说:一山容不得二虎。况且,慈禧权欲熏心,恨不得一朝一夕就站在大清国最高的政治顶峰了。可"不幸"的是,在她的上面还有一位随时能压制自己的政治对手:慈安。

光绪七年(1881)三月初十日,年仅四十五岁的慈安薨逝。初九日生病,初十日就死了。由于慈安是猝然去世的,对于慈安的死因,当时就传言纷纷,众说不一,这就留给后人一个宫廷谜案。

咸丰帝在世的时候,慈安只是以"贤内助"身份帮助咸丰帝处理后宫之事的。但咸丰帝死后,顾命八大臣的专横傲慢,却把这位对权力和政治不感兴趣的女人推到了政治和权力的最高峰。

《清史稿·列传一·后妃》是这样记载慈安的:

> 孝贞显皇后,钮祜禄氏,广西右江道穆扬阿女。侍文宗潜邸。咸丰二年,封贞嫔,进贞贵妃,立为皇后。十年,从幸热河。十一年七月,文宗崩,穆宗即位,尊为皇太后。是时,孝钦、孝贞两宫并尊,诏旨称"母后皇太后""圣母皇太后"以别之。十一月乙酉朔,上奉两太后御养心殿,垂帘听政。同治八年,内监安德海出京,山东巡抚丁宝桢以闻,太后立

命诛之。十二年，归政于穆宗。十三年，穆宗崩，德宗即位，复听政。光绪七年三月壬申，崩，年四十五，葬定陵东普祥裕，曰"定东陵"。初尊为皇太后，上徽号。国有庆，累加上，曰"慈安端康裕庆昭和庄敬皇太后"。及崩，上谥。宣统加谥，曰"孝贞慈安裕庆和敬诚靖仪天祚圣显皇后"。

从"侍文宗潜邸"一句来看，慈安在咸丰帝登极前就已嫁给了咸丰帝。对此，清陵学者徐广源先生认为《清史稿》记载有误，并提出了两个疑点。他在《正说清朝十二后妃》一书中写道：

比《清史稿》早五年出版的《清皇室四谱》和1923年成稿、1929年出版的《清列朝后妃传稿》，两部书的作者唐邦治和张采田都参与过《清史稿》的编撰工作，而且这两部书所记的后妃的内容比《清史稿》详细，但这两部书都未载慈安入侍文宗潜邸的内容。其二，咸丰帝是于道光三十年（1850）正月十四日继统为帝的，如果慈安曾入侍潜邸，那么她最晚也应在道光二十九年（1849）就已入侍潜邸了。那时慈安才13虚岁或更小一些，年龄偏小些。

慈安，钮祜禄氏，满洲镶黄旗人，生于道光十七年（1837）七月十二日，广西右江道、累赠三等承恩公穆扬阿之女。她是通过选秀女方式进入皇宫的。咸丰二年（1852）二月，诏封为贞嫔，四月二十七日进入圆明园，五月二十五日诏封为贞贵妃，六月初八日诏封为皇后，十月十七日册立皇后，当时仅有十六岁。由此

慈安便服像

第四章 最豪华的女人墓地

可见，慈安是咸丰帝册立的皇后，这是毋庸置疑的事实。然而，慈安的死，据当时人们的传说及后来所修的史书记载，其死亡原因却是值得怀疑的。

综合目前的说法，慈安死亡原因主要有病死说、自杀说和毒杀说三种。

病死说。这是清廷的官方说法。据《德宗景皇帝实录》记载，慈安薨逝前后的活动情况如下：

> 光绪七年辛巳三月癸亥朔，上诣钟粹宫，问慈安端裕康庆昭和庄敬皇太后安，至壬申皆如之。长春宫，问慈禧端佑康颐昭豫庄诚皇太后安，至辛卯皆如之。……壬申，慈安端裕康庆昭和庄敬皇太后疾大渐。上诣钟粹宫，侍奉汤药。戌刻，慈驭升遐。……虽当时事多艰，昕宵勤政，然幸体气素称强健，或冀克享遐龄，得资颐养。本月初九日，偶感微病，皇帝侍药问安，祈予速痊，不意初十日病势陡重，延至戌时，神思渐散，遂至弥留，予年四十有五，母仪尊养，垂二十年，屡逢庆典，叠晋徽称，夫复何憾？第念皇帝遭兹大故，自极哀伤，惟人主一身，关系天下，务当免节哀思，一以国事为重，以仰慰慈禧端佑康颐昭豫庄诚皇太后教育之心。中外文武，恪恭厥职，共襄郅治。予灵爽实与嘉之。其丧服酌遵旧典，皇帝持服二十七日而除。

按照《德宗景皇帝实录》记载，慈安身体素强，她也未想到这点小病就致她于死。

而《清史稿》只记慈安之死，不说其死因，"光绪七年三月壬申，崩，年四十五，葬定东陵普祥峪，曰'定东陵'。"从这一记载中可以看出，《清史稿》的作者对于慈安的死似乎也持有怀疑的态度，由于难以说清慈安的死亡原因，因而采用了含糊其词的笔法，以免妄断之嫌。

《清鉴纲目》这样记载慈安的死："未几，东后遂暴卒。或传即西后所鸩，宫省事秘，莫能详也。"作者印鸾章对慈安之死已表示了怀疑。

朱寿朋《光绪朝东华录》的记载与清朝官方《德宗景皇帝实录》记载相同。但是这种"因病致死"是那样的快速而又突然，连当时的当事者也大为怀疑。

《述庵秘录》中记载："三月十日晨，（慈安）召见军机，御容和怡无疾色，但两颊微赤。军机退，午后四钟，内廷忽传孝贞崩。"这种记载虽未表示怀疑，但反应出事出突然，出乎意料。

据《清稗类钞》载，在慈安初感身体不适时，御医薛福辰为她诊脉，认为"微疾不须服药"，没想到当晚就听说"东后上宾，已传吉祥板（棺木）"，大为诧异，还以为是外间讹传。后来噩耗证实，他大戚曰："天地间竟有此事，吾尚可在此？"这表明他不信慈安是因病致死。另一位当事人左宗棠，当时任军机大臣，突然听说慈安得病身亡，顿足大声说："昨早对时，上边（指慈安）清朗周密，何尝似有病者？即去暴疾，亦何至若是之速耶？"

自杀说。《清稗类钞》将慈安说成是一个刚愎自用、笨嘴无能之人，因与慈禧斗智斗勇无门自己死的，但归根到底祸根还是在慈禧身上，或曰："孝钦实证以贿卖嘱托，干预朝政，语颇激。孝贞不能容，又以木讷不能与之辩。大恚，吞鼻烟壶自尽。"

慈禧害死说。 此说，有以下六种说法：

1. 报复被捉奸之恨。《清代十三朝宫闱秘史》记载："时有伶人金某者，得西太后宠，出入宫闱。西太后疾久未愈，东太后往候，至见西太后与伶人卧榻上。东太后痛数责之，西太后跪谢。逐金伶出宫，寻赐死。东太后故喜小食。翼日，西太后以糕饼进御，逾数时即薨。及西太后亡，金伶家人始备述如此。"

2. 报昔日受辱之恨。《清稗类钞》载："丙辰春，文宗宿孝钦所，数日不视朝。孝贞谂其故，乃顶祖训至宫，正跪，命人请皇帝起，听训。文宗亟止之，曰：'予即听朝，勿诵训'。追出朝，少时即退，问后何在。或对御坤宁宫。坤宁宫者，皇后行大赏罚之所也。文宗至，则孝贞坐于中，孝钦跪于下。孝贞历数其过，将杖辱之。文宗大呼曰：'请皇后免责，渠已有娠矣。'"慈禧才幸免受杖。

3. 报诛杀安德海之仇。慈安等人为维护祖宗家法，诛杀了慈禧的心腹太监安德海，这件事极大地刺激了慈禧，不仅使慈禧失去了心腹之人，而且使慈禧丧失了尊严。通过这件事，慈禧认为慈安是自己的政敌恭亲王奕䜣的支持者，慈安与皇帝、恭亲王的联合，是自己政治生活中最具有威胁力而又牢不可破的三角联盟。慈安是这个三角联盟的核心和纽带，除掉慈安，这个联盟就土崩瓦解了。

4. 同治帝择皇后留下的隐患。同治十一年（1872），同治帝大婚，慈安与慈禧在选择谁当皇后一事上，发生了冲突，最后以慈禧的失败而告终。这件事情给慈禧留下了终生难以磨灭的隐痛，使她一直耿耿于怀。慈禧深深地意识到慈安这个平时不显山不露水的"正牌"皇后，始终是自己最大的威胁和隐患。慈安一日存在，她就一日不得安宁，必欲除之而后快。

5. 雪东陵祭祀之辱。光绪六年（1880）春，光绪帝奉两宫太后展谒东陵。当慈安和慈禧在定陵隆恩殿内举行大飨礼时，慈安示意慈禧站在西边稍后一步行礼，意思是你没有资格与我平等行礼。慈禧心中非常不快，执意要跟慈安并列拜祭。而慈安则以正牌皇后的名分，用教训的口吻对慈禧说："你怎么越来越没规矩，违背祖制，成何体统？退到后面去。"在众大臣和侍卫的面前，慈禧大丢了面子和尊严。对此，慈禧怀恨在心。

6. 对于密诏的恐惧。近代小说家许指严在《十叶野闻》中记载称，咸丰帝临死前，知道皇后钮祜禄氏（即慈安）性弱，恐怕控制不住西宫的懿贵妃（即慈禧）。于是将皇后召至寝宫，将亲自书写的一份密诏交给她，特别叮嘱皇后说，自己百年以后，懿贵妃母以子贵，势必不得不尊其为皇太后，然而她绝非可靠之人，凡遇有大事，由你专决。如果懿贵妃安分守己，没有大过失，也就罢了。但是，如果她有什么越制举动，你可以直接宣示这道旨意，立即将其赐死，以绝后患。虽然后来慈安当着慈禧的面将这道密诏烧了，可谁知慈安是否藏有其他随时可致自己于死地的法宝？因此，慈禧总是惶惶不可终日，整天提心吊胆地过日子。如果将慈安除掉，就可以踏实过日子了。

对于慈安的死亡原因，清史专家徐彻认为慈安死于脑溢血。光绪六年（1880）慈禧大病了一场，第二年又病了一回。在此期间，慈安不得不出来处理朝政。慈安本来就患有脑血管疾病，加之劳累过度，体力上难以承受，引发脑溢血而死。

然而，笔者认为，还是慈安被慈禧害死的可能性更大些。理由如下：

一是如果说慈安是因为劳累过度引发脑溢血，但慈安身为皇后，管理后宫多年，咸丰帝死后，她又与慈禧一起垂帘听政长达二十年，经历过许多大风大浪，其理政经验应该说非常丰富，体质又是很好，没听说其生过什么大病，不大可能因为短时的劳累生病死亡。

二是正如慈安的遗诰中所说的，她体质素来很好，三月初九日只是偶得微寒，这是小病，慈安根本就没当回事。没想到从得病到死亡，仅仅两天，太突然了。不仅慈安未想到，就连大臣们都感到吃惊。究竟是什么病使得这位"体气素称强健"的四十五岁的女人两天就一命呜呼了呢？实在令人难以想象。

光绪七年（1881）三月初十日，慈安驾鹤西归了，大清帝国的朝政大权因此全部落在了慈禧一人身上，从此以后，嗜权如命的慈禧终于独自爬上了大清国权力的顶峰。她终于可以随心所欲地好好享受一下大清国的荣华富贵了。

慈禧首先以皇帝的名义下令在清漪园旧址上修建颐和园，增添西苑为自己休息养老住所，为了自己的享乐，不惜动用海军军费。其次，她还模仿乾隆帝生母孝圣宪皇后，大搞生日庆典。当自己生日来临之际，正值中日甲午战争，虽然战争的结果是中国惨败，苦心经营的北洋舰队全军覆没，签订屈辱的《马关条约》，割地赔款。但这一切却丝毫没有影响慈禧骄奢淫逸的生活享受和死后在另一个世界的享乐安排。然而，战争的发生和失败，使得慈禧六十大寿的庆典并没有如期在颐和园举办，这成为慈禧内心最大的遗憾，但这个遗憾最终以另一种形式爆发了出来：重修自己的陵墓。

重修陵寝

原先只是一名贵妃的慈禧，因为沾了儿子的光当上了皇太后之后，不仅掌握了大清国最高的政治权力，还建造了和原中宫皇后一样的陵寝，按说应该心满意足了。然而这些并未让慈禧感到满足。奢侈成性、欲壑难填是慈禧一生根深蒂固的本质。在享乐和挥霍上，她永远没有止境。

光绪二十一年（1895）八月十四日，东陵守护大臣溥龄、麟嘉和马兰镇总兵文瑞等人上奏：菩陀峪万年吉地宝顶、宝城、琉璃花门、大殿、配殿、宫门、朝房、碑亭、神厨库等各建筑均有渗漏、糟朽、爆裂、酥碱等情形，要求朝廷派人查勘，迅速修理。于是，光绪帝派大臣前往查勘。光绪帝在谕旨中特别强调："宝山寿藏规制崇隆，殿宇城垣观瞻所系，理宜随时修葺，以为万年巩固之基。……应如何墁筑地面，挑换木石，绘图贴说，详细具奏。其各敬谨从事，不准稍有迁就。"这道谕旨为重修工程的进一步扩大和升级提供了合法的借口。其实，光绪帝是看着慈禧的脸色行事的。所派的勘估大臣都是慈禧的心腹，他们早已摸透了慈禧的心理和脾气：只要自己遂心合意，从来都是肯花钱的。

经过几次勘估，最后决定将慈禧陵的方城、明楼、宝城、三殿等一律拆除重建，其他建筑揭瓦大修。并在东砂山外面增建两座值班房，拆建三座值班房，揭瓦一座值班房，添建豆渣石护脚泊岸一道。在任命承修大臣一事上，慈禧亲自决定派庆亲王奕劻和兵部尚书荣禄担任此职。这两个人都是慈禧的心腹和死党，任命他们负责重修陵寝，慈禧自然放心满意。

光绪二十二年（1896）二月二十五日动工，九月下旬，三殿拆卸完毕，发现部分大木构件有糟朽、裂缝现象，这是原估时未料到的。经过现场勘视，决定将二百三十五件大木件中的二百零八件更换为新木件，仅留用二十七件，更换了88%。按原估做法，三殿更换的新木件均用楠楠木，更换的石料用艾叶青。承修大臣奕劻、荣禄为讨好慈禧，决定三殿所有大木构件全部改用珍贵的黄花梨木；宝城、方城的压面石、荷叶沟以及大殿周围的石栏杆一律改用艾叶青石料。

这次重修慈禧陵，不仅地面建筑无一漏掉，而且地宫内的金券、门洞券、石门、闪当券、隧道券、罩门券、宝床等也进行了维修。重修工程曾因八国联军入侵北京，慈禧及光绪帝西逃到西安而中断了一年。回京后，光绪二十八年（1902）三月，慈禧借谒陵之便，亲自到菩陀峪工地阅视了重修工程。光绪三十四年（1908）十月全工告竣。重病中的慈禧听说自己的陵寝已经建完，于十月十四日派奕劻去验收工程。十八日验收毕，将重修一新的慈禧陵移交给东陵守护大臣和马兰镇总兵官看管。四天后，即光绪三十四年（1908）十月二十二日，慈禧一命归天。慈禧陵重修工程历时十三年之久，是初建时用时的两倍。

有人会问：为什么与慈禧陵同时营建、同时完工的慈安陵没

重修慈禧陵隆恩殿时搭的罩棚（老照片）

重修中的慈禧陵方城、明楼（老照片）

有重修，而慈禧陵要重修呢？

有人就此提出三点看法。

第一，两陵寝的花费不同所致。慈安陵用银二百六十六万五千两，慈禧陵用银二百二十七万两。两者相差近三十九万两。因此慈禧认为，既然两陵的建筑规制、规模一样，三十九万两花销的差距说明自己的陵寝质量不如慈安的好。前面已经讲过，慈安陵之所以比慈禧陵多用了银子是有其理由的。慈禧陵少花也绝不是因工程质量低劣造成的。所以说，慈禧因自己陵寝花银子少而认为工程质量不好才重修的说法，是没有道理的。

第二，跪拜礼仪之争。据说在慈安死去五年之后，即光绪十二年（1886）三月，已是大权独揽、不可一世的慈禧带领光绪帝前往东陵谒陵。当她来到慈安陵前，正在东配殿休息时，司礼大臣将谒陵仪注呈了上来。慈禧见上面有自己在慈安陵前行跪拜之礼的程序，没等阅完，便勃然大怒，愤而将仪注扔到地上，令发回重拟，并声言："我与姐姐同为皇太后，安有在她之前跪拜的道理？"司礼大臣从地上捡起仪注，战战兢兢地找吏部尚书李鸿藻，问如何是好。李鸿藻听说慈禧大怒，也惊惧不已，不知所措。这时礼部尚书延煦挺身走上前来，对众人说道："此事不争，国家安用礼臣为？公不敢言，臣当独自面奏。"言罢即肃衣来到东配殿门外奏道："太后今日至此，凡垂帘时并坐之礼节无所用之，惟当依文宗显皇帝在位时仪注行之耳。"慈禧闻罢，顿然失色，沉默片刻，不甘心地反问道："我还是不明白，慈安皇太后为皇太后，难道我不是皇太后吗？同是皇太后，为什么偏要我给她行礼？况且穆宗毅皇帝（同治）是我所生，慈安太后何尝生过子女？"

延煦见慈禧明显地要起混来，愤而答道："此乃我朝家法，皇太后不可不遵！"

"遵也要遵出个道理来！"慈禧的态度变得强横起来。

"慈安皇太后是母后皇太后，其位在上，圣母皇太后自然要去行礼！"

慈禧见延煦说得有理有据，顺水推舟不再争辩下去，而是反其道而问之："那么，我来问你，若我死在东边的前头，她也该给我行叩拜之礼吗？"

"照例不行大礼！"延煦脱口而出。

"为什么？！"

"已回奏过，母后皇太后在圣母皇太后先，臣等不敢违背祖制奏请！"

慈禧听罢，恼羞成怒，猛地抬手击案喊道："你等眼中还有我这位太后吗？"

"若太后不以文宗皇帝为皇帝，不以东宫皇后为皇后，圣母若不承认自己为文宗西后，臣等自不列此礼单。"延煦不卑不亢，字字见血的回答，噎得慈禧一句话也说不出来。她愣了好长时间，又心生一计，命延煦先起身说话。但延煦并不善罢甘休，依然跪在门外大声说道："太后不以臣不肖，使得罪礼曹。见太后失礼而不敢争，臣死无以对祖宗。不得请，誓不敢起！"慈禧面对这位铁骨臣子凛然之气，竟也无可奈何，只得答应前去行跪拜之礼。

这件跪拜礼仪之争，使慈禧的心灵和自尊心受到了极大刺激。她怎么也没想到的是，一个生前各方面都不如自己的女人，只因早于自己占据皇后的位子，其生前死后的无形影子都能压在自己的头上。既然慈安生前死后的地位现在无法改变，大清的祖制也难全部废除，那我就要把自己的陵寝修得超过她，让死去的活着的都不痛快、不宁静。但此说也只是当地传说而已，不足为信。

第三，陵寝丹陛石的恐惧。丹陛石也称"御路石""龙凤彩石"，皇宫及明清皇家陵寝内均有设置。清朝陵寝中的丹陛石安置在隆恩殿前正面三路踏跺正中位置，用以装饰、别等极，其图案均是龙凤并排，龙在左（东），凤在右（西）。在中国传统文化中，龙、凤是封建帝王专用的图案，"龙凤呈祥"则是一种中国传统文化所特有的图腾文化。而定东陵的丹陛石则特殊。据说，慈禧为了显示自己的权势和声威，硬是将龙凤左右并排，改为凤在上龙在下，使其寓意发生了改变，成为凤压龙的格局，寓意大清江山统治以女人为主。

被废弃的菩陀峪定东陵丹陛石

传说，原来定东陵工程竣工后，慈安、慈禧两位太后前来验看，对于陵寝的建筑极为满意。但慈禧看到这块雕有凤引龙彩石时崖，无意中发现丹陛石最下端的"海

慈禧陵被废的丹陛石上的蜥蜴

水江崖"图案中,有一个称之为"守宫"的小壁虎时,大为震惊,认为这是对自己不守妇道的极大讽刺和揭露,因为慈安的阻挠和祖制的缘故,没有换掉。这块丹陛石竟成了压在她心上的千斤坠。

　　守宫是蜥蜴的一种,躯体略扁,脊部颜色灰暗,有粟粒状的突起,腹面白黄色,口大,舌肥厚,四足各有五趾,趾内多皱褶,善吸附他物,能爬行在垂直的墙壁上,就是大家常见的壁虎。古代相传,用瓦罐一类的东西把壁虎养起来,天天喂丹砂,大概吃到七斤丹砂的时候,就把它弄死捣烂,用来点在女人的面额上,殷红一点,只要没有发生性关系就永不褪色,一有性生活立即消失得无影无踪。但只能用在未结婚的女子身上,已婚妇女绝对不灵验,这种办法是在宋代随理学的兴起而得到推广的。其实,守宫只是古时流传的一种毫无科学依据的传说而已。古时,"守宫"壁虎在皇宫中是一种吉祥物。

慈禧陵丹陛石

于是有人这样替慈禧猜想：如果只将这块丹陛石换掉，不免过于露骨。只有重建陵寝才是撤掉这块丹陛石的好的方法。不管怎么说，慈禧最终将她心里所想的、所要办的都付诸实施了，并取得了她所预料的结果。重修后的慈禧陵不仅换掉了那块丹陛石，而且三殿工艺手法高超，装修豪华富丽，用料讲究。

新的丹陛石不但依然采用"凤引龙"图案，还别出心裁使用了高浮雕加透雕的手法。整块丹陛石长 3.20 米，宽 1.59 米，周边雕刻缠枝莲花，中心为丹凤展翅凌空，穿云俯首向下，蛟龙曲身出水，腾空向上。凤龙雕刻得十分生动，不仅玲珑剔透、活灵活现，而且在龙的腿、尾、须部，凤的嘴、冠、腿部有十处雕透，更使得立体感突出。这不仅令人耳目一新，似乎还在告诉人们这是一个女性霸权者的形象。

重修后的慈禧陵更加精美豪华，金碧辉煌，堪为清陵之冠。具体体现在以下五个方面：

一、**木料考究名贵**。隆恩殿和东西配殿的木构件全部改用名贵稀有的黄花梨木。黄花梨木又名"海南黄檀"，木质坚硬，纹

重修后的慈禧陵西配殿（老照片）

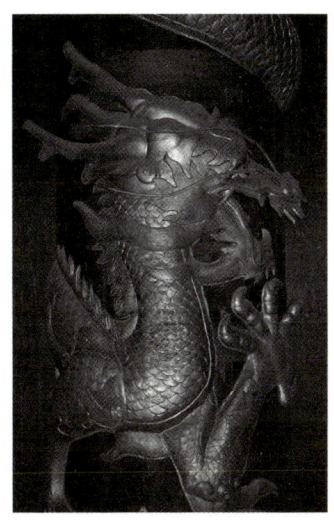

慈禧陵隆恩殿内柱子上的镀金铜龙头部（复制品）

慈禧陵隆恩殿内的豪华装修及仅剩下的五块半天花板

理细腻，为木料中的上品。这种木料因为稀少，而且名贵，所以多用来打制家具，很少用于建筑的木构件。

二、金龙盘柱。隆恩殿和东西配殿所有外露的柱子全部用镀金铜龙盘绕。清朝陵制，帝后陵的隆恩殿内，只有中间的四根金柱上的图案沥粉贴金，图案多为缠枝莲花或者盘龙。即使是代表着皇权神威、帝王登基时受百官朝拜的紫禁城内的太和殿，也只有六根沥粉贴金盘龙金柱。但重修后的慈禧陵隆恩殿及东西配殿竟有六十四根金柱，每根都盘绕着一条巨大的金龙，称作"金龙盘玉柱"。这些半立体的铜盘龙，全部镀金，金光四射，闪闪耀目，龙头上安装了带有弹簧的龙须，借助空气的流动，龙须自行摆动，栩栩如生，无比美妙。可惜这些盘龙在孙殿英盗陵时全部被拆走了。现在我们所看到的四根盘龙柱是在1993年恢复的，其工艺和质地与当年的"原装"已不可同日而语。

三、雕砖扫金的墙壁。三殿的檐墙和山墙外部全部用山东临清特制的澄浆城砖,磨砖对缝,干摆灌浆。砌成的墙面光洁平整,坚固异常。墙的内壁上身方砖陡砌,雕刻着"五福捧寿""四角盘长""卍(万)字不到头"的图案。其中"五福捧寿"为五只展翅向中心飞翔的蝙蝠,围绕着一个圆形"寿"字,寓意福寿;"四角盘长"取其盘长绶带连绵不断之意,寓意福寿绵长;"卍(万)字不到头"则是取富贵永远、永无止境之意。所有雕砖外围,均饰以蔓草莲花和珠文。三殿的内壁雕砖总面积达228.44平方米。

四、贴金的和玺彩画。三殿彩画,也由原先的旋子彩画改为等级最高的金龙"和玺彩画"。这些彩画,不披麻,不挂灰,也

慈禧陵西配殿彩画内景

慈禧陵西配殿内砖雕万字不到头

慈禧陵西配殿砖雕刻

慈禧陵西配殿内砖雕五福捧寿

不用其他颜色，而是直接在黄花梨木上沥粉贴金。这些彩画中有龙、云、蝠、寿字和锦纹等图案。在三殿的彩画中共有二千四百多条金龙，分为行龙、卧龙、升龙、降龙，皆安排得非常得体，布局有方，千姿百态，与其他锦纹交相辉映，浑然一体，光彩夺目。仅贴金一项，就用掉叶子金四千五百多两。

三殿内，贴金的彩画、扫金的墙壁、镀金的铜龙，金碧辉煌，耀眼夺目，使人眼花缭乱，简直成了金的世界。

五、精美的石雕刻。 在隆恩殿周围的石栏杆上，布满了"凤引龙"的雕刻图案。六十九块栏板的内外两侧，雕刻的是"凤引龙追"的图案。一只回首顾盼的翔凤在前面飞，一条昂首的行龙在后面紧跟随，龙凤的下面是海水江崖。这是一种别开生面的"龙凤呈祥"的画面。一百三十八组"凤引龙"的栏板连接起来，令人产生天在旋，地在转，宇宙在永恒运动之感，犹如腾云驾雾一般。

月台及隆恩殿周围石栏杆的七十六根望柱头上的雕刻，打破了一龙一凤相间排列的传统形式，所有柱头均雕翔凤，而在柱身内外两面各雕一条出水升龙，形成"一凤压二龙"之势。这种明显的凤压龙的雕刻国内尚未发现第二例，好像在暗喻埋在这里的就是曾挟制过同治、光绪两朝皇帝的女人。在月台的五座台阶处，共有十块抱鼓石，在每块抱鼓石的两侧都雕有一个团凤，团凤展翅欲飞，亭亭玉立于山石之上，而其下则雕有昂首向上张望的一条行龙，再下面则是海水江崖。在抱鼓石上雕刻的龙凤图案极为罕见。这种独特的创意，不仅将慈禧的权欲表现得淋漓尽致，而且将她奢侈无度的贪欲之心也充分地暴露了出来。

慈禧陵隆恩殿前的抱石鼓及石栏杆

慈禧陵隆恩殿前的石栏板及望柱

在慈禧陵所蕴含的历史里面,人们可以充分体会出一个女人在男权社会里大胆而形象的心理需求:女人不仅要美丽,而且要有权力。然而,慈禧作为一个政治家,却没有能在女人干政的历史上留下光彩的一页。相反,与日本签订了丧权辱国的《马关条约》,绞杀了光绪帝的"戊戌变法"。《辛丑条约》的签订使得中国彻底陷入半封建半殖民地社会的深渊中,也让她成为历史上备受争议的女人之一。

不入主流的困惑

慈禧陵不仅装饰豪华奢侈，还出现了如下的一些特点，与其说是特点，不如说是谜团，是人们目前的困惑。

其一，龙多凤少。据统计，三殿的彩画、石栏杆上、御路石上和所有柱子上，共有龙三千五百五十条，凤却只有二百四十一只，数量相差悬殊。在皇后陵内，特别是在曾两朝垂帘听政的慈禧的陵内，龙凤数量比例如此失调，实在令人匪夷所思。

其二，凤占主位。在三殿的内外装修上，但凡有凤的地方，凤总是占主体位置，而龙则占附属位置。比如望柱，凤在柱头上，而龙在柱身两侧。栏板上，凤在前面飞，回首引领，而龙在后紧紧跟随。御路石，凤在上而龙在下……这些独特的设计理念是否与慈禧垂帘听政有关系呢？如果含有此意，是慈禧的旨意还是承修大臣的献媚取宠呢？

其三，没有凤的绘画。无论在隆恩殿内，还是在东西配殿内，无论梁枋、天花板上，还是墙壁、柱子上，绘画的全是龙，完全是龙的世界，竟没有一只凤。这究竟是为什么呢？

其四，龙头朝下。太和殿内的六根柱子上的盘龙也好、崇陵隆恩殿内四根钻金柱上的盘龙也好，天安门前后的华表也好，山东曲阜孔庙的大成殿前檐石柱上的盘龙也好，明清两代皇陵的圣德神功碑亭外四角的华表上的盘龙也好，都是龙头在上，龙尾在下。可是重修后的慈禧陵三殿的六十四根柱子上的镀金铜盘龙却都是龙头在下面，龙尾在上面，真是独出心裁，寓意何在？令人疑惑。

其五，丹陛石之谜。慈禧陵重修时，把本来很精美的丹陛石也给废掉了，埋进了陵外的垃圾堆，直到 1965 年才重见天日。有细心人发现，这块丹陛石与后来重新雕刻的丹陛石相比，除了雕刻手法改用透雕，边框上部增加了团寿字、石榴、佛手、桃之外，还有一个变化，那就是原来丹陛石海水江崖上的小动物不见了。

为什么新雕刻的丹陛石取消了这只小动物呢？

难道真的像前面所说是因为这只小动物叫"守宫"，慈禧下特旨让取消了吗？如果是这样的话，慈禧不是有点掩耳盗铃、此处无银三百两了吗？

据专家考证，丹陛石上的这只小动物根本不叫"守宫"，应该叫"蜥蜴"，是萨满教中的一种吉祥物。它口吐祥云，十分可爱，给人带来吉祥。在丹陛石上刻蜥蜴十分普遍。在清陵中，泰陵、昌陵、慕陵、定陵、惠陵、昭西陵、慈安陵的丹陛石上都雕有这种蜥蜴。泰陵的丹陛石上竟雕了三只。不仅皇陵的丹陛石上雕蜥蜴，在孝陵神功圣德碑亭的水盘上、慈禧陵神道碑亭的水盘上、慕陵神道碑亭的券脸石上也都雕有这种小动物。不仅皇陵石雕刻中有这种小动物，清西陵永福寺的牌楼门的石柱上和北京紫禁城慈宁宫、慈宁门的丹陛石上也都雕有蜥蜴。这充分表明这种小动物是吉祥的象征，根本就不是上面所说的那样。既然这只小动物是吉祥的象征，为什么在重雕慈禧陵的丹陛石时取消了这只吉祥物呢？

其六，下马牌之谜。清朝陵制，凡皇帝陵和皇后陵，每陵都

慈安陵下马牌上"人等"二字　　慈禧陵下马牌上缺少"人等"二字

设下马牌^①一对，分立于陵前两侧。与慈禧陵同时修建的慈安陵下马石牌，牌面上的汉字是"官员人等至此下马"八个汉字，而慈禧陵的下马牌上镌刻的汉字却是"官员至此下马"，少了"人等"两个汉字。慈禧陵下马牌上的汉字少了两个字，满文字符最后少

---

① 下马牌：立于宫殿、陵墓之前的标志，意指臣民在此驻轿下马，徒步而行，以示庄严。清东陵、清西陵在大红门前东西两侧各竖一块下马牌，由青白石雕琢而成，形似石碑，建在方形的青白石座上，碑身两侧用满、蒙、汉三种文字镌刻"官员人等至此下马"等字样，碑身下部用一块抱鼓石倚住（斜撑）。凡来谒陵者，上至皇帝，下至臣民，均须下马落轿，进大红门经神功圣德碑亭后仍可骑马乘轿，赴所谒之陵。每座帝陵的神道碑亭之前的两侧，也各设有一块下马牌。不过，皇太后至儿子的陵寝，一直到明楼前才落轿；至其他陵寝，则在隆恩殿左阶前落轿。皇帝一般在朝房附近的南房山墙（建筑物两端的围墙）下马。皇后、妃嫔、公主在隆恩门外降舆，护从女官在三路三孔桥以北下马。真正在下马牌处下马的只有亲王、郡王、贝勒以下。三品官以上的宗室、觉罗、皇亲国戚以及社稷重臣，在距下马牌稍远的地方提前下马。谒陵完毕，在同一地点乘轿、上马。

了一个小月牙符号。更奇特的是，其上的蒙古文反倒比慈安陵下马牌多了两个字符，并且蒙古文最后少了一个小菱形符号。同时建造的两座皇后陵，既然规制都一样，为什么下马牌上的字却不一样呢？

　　统治大清帝国四十八年之久的慈禧，留给人们诸多的困惑、谜团，其中不仅仅是其陵寝，更多的是隐匿在历史痕迹里面的慈禧这个女人的生活信息和宫廷惨案。

# 第五章
追踪历史密码

作为一个宫廷女人,慈禧在皇宫中当起了佛爷。慈禧的身份、家族,都成为人们讨论的话题。而慈禧的出生地,一个本来不成问题的问题,现在居然也成了人们关注的热点。

进入皇宫的女人

道光十五年十月初十日(1835年11月29日),北京吏部二等笔帖式①叶赫那拉·惠征的家里添了一件喜事,那就是自己的妻子富察氏生了一个女儿,虽然在这之前惠征已经有了照祥、桂祥两个儿子,在重男轻女的那个社会,女儿的降生不会给这个家庭带来多大的变化,但毕竟是添人进口,还是增添了不少喜气。

---

① 笔帖式,京师部院等衙门的低级官员,只有满族旗人才能充任。主要是做些翻译、拟稿或者抄抄写写的文书事务。这种官可以由监生考试,合格者先分配部院衙门学习试用,经过几年后才任用,也可以花钱捐纳而得。笔帖式虽然官衔不大,但是由于能够接近堂官,地位比较重要,尤其是做了主事之后,会有升迁的机会,甚至能做一、二品大员。

慈禧像

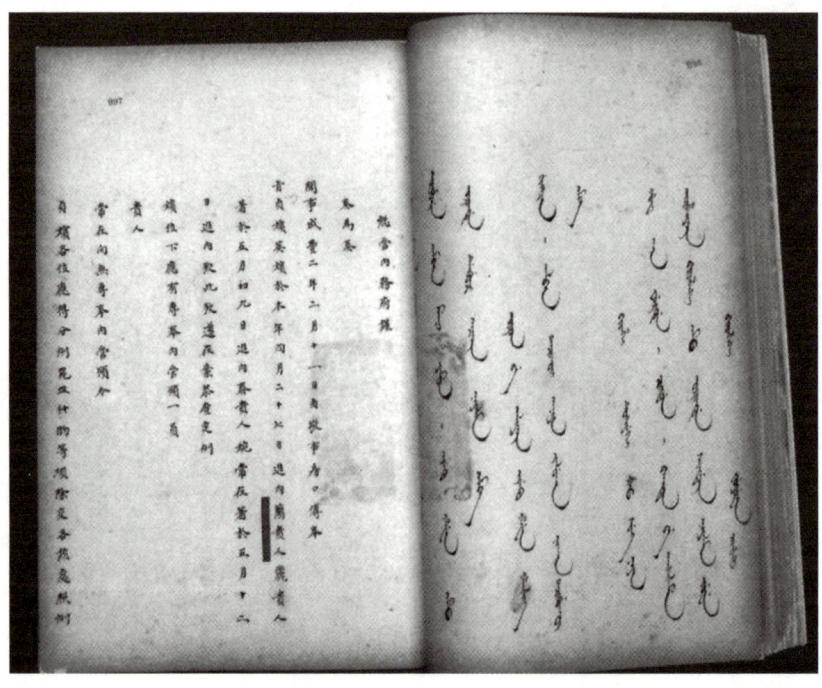

咸丰二年（1852），传兰贵人（慈禧）的上谕

令惠征意想不到的是，这个女孩，日后为他家赢得了最高的家族荣耀——叶赫那拉氏掌管了大清帝国。

咸丰二年（1852）二月，慈禧被选中秀女，封为兰贵人。五月初九日，慈禧进入圆明园，当年十八岁。咸丰四年（1854）二月二十六日，诏封懿嫔，十一月二十五日举行册封礼。咸丰六年（1856）三月二十三日，生皇子载淳，当天诏封为懿妃，十二月初一日举行册封礼。咸丰七年（1857）正月初二日，诏封懿贵妃，十二月十三日举行册封礼。咸丰十一年（1861）七月十七日，咸丰帝驾崩，当天被尊为懿贵太妃，第二天被尊为皇太后，与慈安并列，称"圣母皇太后"。咸丰十一年（1861）十一月初一日，慈禧与慈安并坐养心殿开始垂帘听政，世人称之为"西太后"，当时她只有二十七岁。咸丰十一年（1861）十二月十八日，其娘家由满洲镶蓝旗抬入满洲镶黄旗。同治元年（1862）四月二十五日，上徽号"慈禧"二字，称"慈禧皇太后"，简称"慈禧"。

民间曾有传说：大清皇帝有令，后宫绝不能选叶赫女人做后妃。这是为什么呢？

叶赫，是我国东北地区女真族的一个部落，与哈达、辉发、乌喇统称"扈伦四部"。

叶赫部原先与建州的努尔哈赤并无冲突。万历十一年

清太祖努尔哈赤朝服像

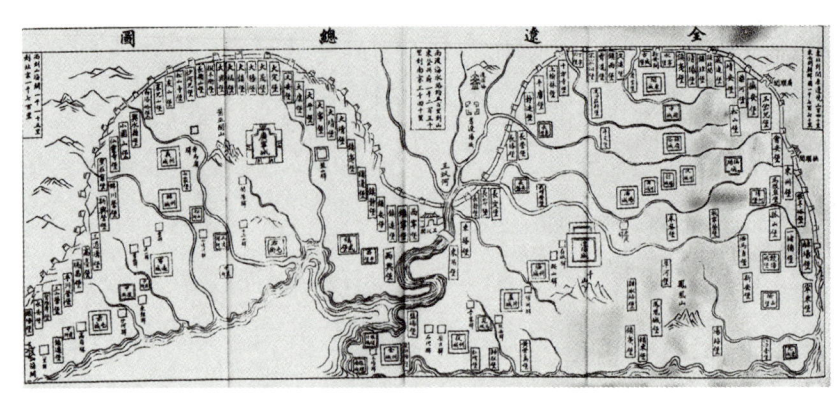

《全辽志·明代辽东总图》

（1583），叶赫部与建州的努尔哈赤之间相处和睦，并且之间有联婚。努尔哈赤为报明朝误杀其祖、父之仇，路过叶赫部时，叶赫首领贝勒杨吉砮将自己最喜爱的小女儿孟古嫁给了努尔哈赤，即后来的孝慈高皇后、皇太极的生母。万历二十五年（1597）即古勒山大战后的第五年，叶赫又许诺将十五岁的东哥许配给努尔哈赤。东哥是杨吉砮的孙女，布寨的女儿，布扬古的妹妹。东哥不但有闭月羞花之貌，沉鱼落雁之容，而且勤劳贤惠，在女真人中是远近闻名，在当时谁能拥有这样的女人，不仅仅是福分，更是一种荣誉。

可是事情并不那么简单。因东哥貌美，远近闻名，许多部落的首领都对她垂涎三尺，都想拜倒在她的石榴裙下，**纷纷向**叶赫部示好。叶赫部因此也就将美女东哥当成了**政治砝码**，将她聘来聘去，哈达、辉发、乌喇三部的先后灭亡都与她有一定的关系。所以东哥的父兄虽然早就答应将东哥许配给**努尔哈赤**，但始终没有完婚。东哥一直到三十三岁还没有结婚，**待字闺中**，已成了老女，遂有"叶赫老女"之称。

《满洲实录·灭亡叶赫部图》

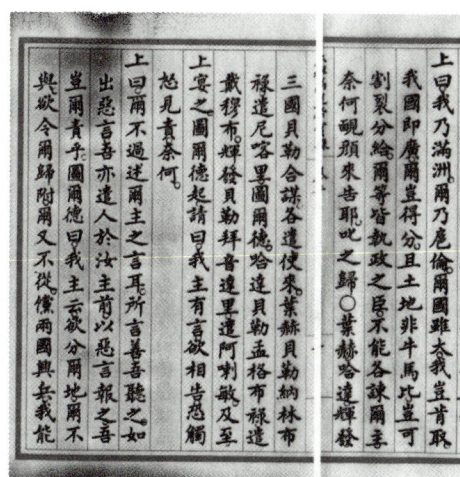

《清太祖高皇帝实录·叶赫挑衅》

万历四十三年（1615）六月，叶赫部将十八年前许给努尔哈赤的东哥转嫁到蒙古，这引起了努尔哈赤极大的不满和愤怒。东哥红颜薄命，命运多舛，五次许聘，最后嫁到蒙古，但一年后就死去了。眼看就要到手的美女竟成了人家的妻子，不久又死了，努尔哈赤的美梦彻底成了泡影。因此努尔哈赤对叶赫部极为仇恨，一怒之下，率领八旗铁骑，一举灭了叶赫。据说叶赫首领在战场上临死之时，大声发誓道：我叶赫即使剩下一名女子，也要灭亡满洲。为了保住大清江山社稷，清朝皇帝下令：后宫绝不选叶赫之女。因此有人就根据这个传说，利用慈禧是叶赫人这一条件，开始想象编造说慈禧为了报昔日之仇，完成祖先的誓愿，故意挥霍无度，消耗大清国的国力，向外国割地赔款，终于把大清国内力耗尽，在她死后三年就由自己的侄女叶赫那拉氏（即隆裕）宣布大清皇帝退位，大清国终于亡在了叶赫人的手中。

历史上果真有此事吗？经过许多专家学者的研究考证，并无此事。实际在大清后妃中，叶赫那拉氏女人大有人在。说慈禧和隆裕有意灭亡清朝是强加在她们身上的诬陷之词。

慈禧：满人？汉人？

百年间，海内外关于慈禧的著述和影视作品很多，但专门论述慈禧的出生地及童年经历的却极少。著名清史专家俞炳坤先生在《慈禧家世》一文中写道："对于慈禧家世的研究却始终是一个较为薄弱的环节。这不但表现在所记史实过于简略，留有许多空白，而且众说纷纭，真假掺杂，甚至把一些闾巷之言当作信史来传播。"

少年慈禧只是一个普通女子，与其他女子相比没有特殊之处，就因为她有机会进入了皇宫，成了咸丰帝的妃子，生下了同治帝而最终成为大清帝国的皇太后而闻名于世。由于她成了历史名人，所以她的出生地和民族成了大家关注的焦点，原本不应该成为问题的事情，却因为一些地方利益的关系而成为历史之谜。可以设想,如果慈禧始终只是一名普通的妃子,没有生过同治帝,就不会有今天的慈禧出生地和民族之争了。

对于慈禧的出生地,现有六种说法:一为北京;二为甘肃兰州;三为浙江乍浦;四为安徽芜湖;五为内蒙古呼和浩特;六为山西长治。人只能有一个出生地,那么到底哪个说法对呢?

一、北京说。这是清廷的官方说法,也是目前最令人信服、大家普遍接受的说法。慈禧娘家先后住过三个地方:一是咸丰五年(1855年)慈禧的胞妹参加选秀时的排单上面清楚写着的"西四牌楼劈柴胡同";二是咸丰六年(1856)"内务府官房租库"的呈稿,上面写的是咸丰帝将"西直门内新街口二条胡同北官房一所",赏给惠征家居住;三是同治五年(1866)十二月,慈禧以同治帝名义下达的上谕,将"方家园"入官房间,赏给其胞弟照祥居住。很显然,后两处不可能是慈禧的出生地。《清代宫廷史》对慈禧身世是这样写的:"慈禧太后叶赫那拉氏,道光十五年(1835)十月初十日生在一个满洲官僚世族之家,属满洲镶蓝旗。"《垂暮帝国的老佛爷》中写得更明确:慈禧诞生在"北京的一家并不豪华的王府院内",她的祖先居

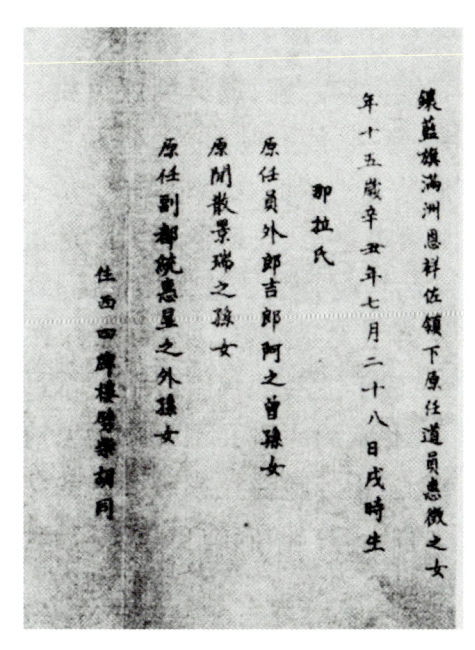

咸丰五年,慈禧胞妹参加选秀女时的排单

住在叶赫，故称"叶赫那拉氏"，属于叶赫那拉家族。她的父亲惠征，是"一位在清廷从事翻译、拟稿的小文官"。另外，《清史稿》《清代人物传稿》《清代全史》等清史专著，都持"慈禧生于北京"之说。

坚持"慈禧生于北京说"的专家学者，以清宫档案上的记载为依据，其理由如下：

1. 清朝皇帝挑选秀女的名单。清朝从顺治时就规定，凡满族八旗人家年满十三至十六岁的女子，必须参加每三年一次的皇帝选秀女。选中者，留在宫里随侍皇帝成为妃嫔或者宫女，或被赐给皇室子孙作福晋。未经参加选秀女者，不得嫁人。阅选时，按八旗的顺序，一般七八个人站成一排，由皇帝、皇太后们挑选。被选女子的名字，每排写一张单子，留宫中存档，这种名单，在档案中称为"秀女排单"。中国第一历史档案馆保存着咸丰五年（1866）慈禧胞妹参加选秀女时用的排单。

2. 记载惠征任职年代和生平的档案。通过查找档案，持"北京说"的专家学者得出明确结论：道光十一年至十四年、道光十八年至道光二十九年之前，慈禧的父亲惠征都在北京任职。只有道光十五年至十八年的考核档案——"京察册"暂缺，留下了三年"空档"，但是，这三年内，山西潞安知府是达镛，并且达镛一直在任上。经考证，这期间惠征也没有去过浙江乍浦，所以专家学者推断出：道光十五年（1835）慈禧出生时，惠征正在北京任笔帖式。也就是说，慈禧的出生地在北京。

3. 宫廷生活档案。根据清宫档案《膳食档》《月戏档》《起居注档》的记载，慈禧最爱吃的是"八珍糕""酥皮饽饽""小

桂公府：慈禧的出生地

第五章 追踪历史密码

窝头""绿豆粥""荷叶粥"等北京小吃；慈禧最爱看的是京剧。专家学者指出，如果传说慈禧善唱南方小曲或善唱山西民歌可以作为旁证，那档案的记载与传说相比，更加可靠、更令人信服：慈禧爱吃的是北京小吃，爱听的是北京的京剧，慈禧最有可能是北京人。

惠征先后在北京、山西、安徽等地当过官。但经过清史专家仔细研究后发现，为慈禧几个出生地所能提供的"证据"与清宫档案记载不符或者多有矛盾，最后认定慈禧出生地只能是北京，其他那几种说法不可靠。慈禧的家庭属于中等官宦之家，小康生活水平，不可能是贫苦人家的女子，更不可能是汉人。

二、甘肃兰州说。持这种说法的人称，惠征曾任过甘肃布政使衙门的笔帖式，当时住在兰州八旗会馆以南的马坊门，即今永昌路一百七十九号院，慈禧就出生在这个院子。此说将慈禧的具体出生地点说得很详细，并且慈禧的父亲惠征也的确长期担任过笔帖式之职。但清史专家和学者经过考证后发现，惠征任笔帖式都是在京城各衙门，这期间没有离开过北京，更没有去过甘肃，所以说慈禧生于甘肃兰州说并不可信。

三、浙江乍浦说。此种说法是1993年才有的。1993年8月22日，《人民日报》上刊登了一篇《史界新发现：慈禧生于浙江乍浦》。文中说，慈禧的父亲惠征在道光十五年（1835）至道光十八年（1838），曾经在浙江乍浦任六品武官骁骑校，而慈禧正是在这一时期出生的，所以她的出生地是"浙江平湖市乍浦城内的满洲旗下营"。并且说：现在的浙江乍浦老人中，仍有种种关于慈禧幼年的传说。其根据是著名诗人许白凤在《乍浦纪事诗》中，有一首"七夕"诗：

万里红尘一骑飞，玉宸下诏选宫妃。
军门扶出那拉氏，月貌花容赛八旗。

并称作者于1961年春在乍浦工作时，听民间传说慈禧出生在乍浦满洲大营。文中还说，1973年冬，一位旗人后裔张小弟（1902年生）回忆：

他爷爷越泉公8岁时，也就是道光十八年（1838），曾在乃父带领下到过满洲营，见过当时只有4岁的慈禧，小名兰儿。此女自幼聪颖好学，能唱各种时调和戏曲，真是人见人爱，后来，慈禧一生喜爱京戏，也是情理之中。张小弟曾听爷爷讲，慈禧当上皇太后以后，思乡心切，因有难言之隐，只得传下谕旨，要乍浦每年为她上贡小黄鱼等特产。所以，每年端午节，乍浦唐家湾码头就有用朱漆封口，烙有"乍浦冰鲜"的小黄鱼用快马起运进京。因为传说慈禧是天上的凤凰转世，所以后来她爱自比凤凰。乍浦人根据这段传说，就将满洲营取名"凤凰墩"，把慈禧周岁时重建的"长生桥"改称"凤凰桥"。

又据乍浦旗人后裔沙厚元（1913年出生）回忆：从前，乍浦满洲副都统署在举行庆典时，吹奏一首《满洲天赐》古曲，据乃父说，是当年从满洲带入关内的"宫廷舞曲"、后来慈禧听政后敕赐给家乡乍浦的。当年，乍浦副都统署大厅上悬挂着"福"、"寿"两幅擘窠书，也是慈禧御笔敕赐的。据说，慈禧对道光二十二年（1842）四月的"鸦片战争"乍浦之役，"父尽忠、母尽节"同赴国难之惨痛没有忘记，遂于光绪元年（1875）听取李鸿章办洋务，在上海开办江南制造总局，制造新式武器。光绪十年和十四年，先后将造出的10.2吨和16.7吨重的两门巨型新式大炮运到乍浦，安置在"鸦片战争"故战场的天妃宫炮台和南湾炮台阵地上，以加强乍浦的海上防务。特别是南湾炮台阵地上的仿德国埃姆斯脱朗式后膛炮，当年在中国属佼佼者。

光绪三十四年（1908）十月二十日，慈禧病逝于中南海仪鸾殿，终年74岁。清廷在北京举行国丧期间，乍浦满洲副都统署也在"公输子大殿"设置灵堂开吊。据考，当时省城杭州和县城平湖，只有遵照谕旨："官停嫁娶期年，辍音乐二十七日"，与全国其他省、府、县一样，都未设灵堂。据耆老许白凤回忆：幼年听乃父砚清公说，那天，乍浦全城文武官员齐往灵堂祭吊，仪式十分隆重。旗人后裔张小弟说："那年我才7岁，是跟我父亲去的，故而我是亲身经历的。"

为了更加确定慈禧出生在浙江乍浦，陈宰先生又从"慈禧家世"材料上找证据，其材料有三：

一是慈禧八岁时（1842），父母在乍浦捐躯，由奶妈护送进京，被二叔惠征收为养女。时惠征家已有二子一女，所以平日在家庭生活中，慈禧得不到母爱。后来，她曾对女官德龄抱怨道："自

余髫龄,生命极苦,尔所知也。以余非双亲所爱,尤觉毫无乐趣。"(德龄《清禁宫二年记》)

二是慈禧入宫的时间和封号,据《清史稿·后妃》记载:"孝钦显皇后,叶赫那拉氏……咸丰元年,后被选入宫,号'懿贵人'。"这显然与中国第一历史档案馆《宗人府全宗》玉牒不相符合。《清史稿》于1927年出版,不久,曾担任《清史稿》编撰、校刻的史学家金梁著《清后外传》,明确提出"慈禧入宫时身份是'兰贵人'"。

金梁是民国后的汉名,系出瓜尔佳氏,原名息侯金梁,甲辰科进士。其父瓜尔佳氏凤瑞,号桐山,满洲正白旗人,时任乍浦副将军,职掌驻防军事和旗籍民事。金梁于光绪四年(1878)出生在乍浦。慈禧从"兰儿"到"兰贵人"的历史,作为出生在同一个"乍浦满洲营"内的"同乡",不会没有耳闻。只是他在校刻《清史稿》时,没有去"冒天下之大不韪",对"老佛爷"说三道四。到了下半个世纪的1959年5月间,金梁在重订《清史补正》时,给乍浦挚友吴空如(1887—1966年)的信中,提及要目中有"西太后"一条,他在"说明"中云:所记述,以时代太近不便明言,其中颇有曲笔、戏笔,此亦史例。后因他年迈多病,于1962年病逝于北京,致此书未能写成。

三是慈禧在光绪二十八年(1902)祭奠其父母的落款程序中称其父惠征为"先考惠二太爷",其母为"先妣惠二老太太"。(故宫博物院《文献专刊》,1944年)说明惠征确实还有一个哥哥。至于他叫什么名字,经历如何,尚不清楚,中国第一历史档案馆也无资料可查。

按照上述说法，不仅认为慈禧的出生地在浙江乍浦，而且提出慈禧不是惠征的亲生女儿，而是他的养女，是他的侄女。

四、安徽芜湖说。 这种说法的根据是，慈禧的父亲惠征曾做过安徽宁池太广道的道员。事实上，慈禧的父亲惠征任安徽道员是在咸丰二年（1852）二月，正式上任在当年七月，当时慈禧已满十八岁，并且已经入宫了。将十八岁时慈禧父亲的当官地点说成是慈禧的出生地，未免太荒唐了。

五、内蒙古呼和浩特说。 此说又称为"山西绥远说"。其根据是惠征曾任过山西归绥道的道员。清朝的绥远城在今内蒙古呼和浩特，说慈禧就出生在市内落凤街的道员住宅里。清宫档案"上谕档"中记载惠征为山西归绥道的时间是道光二十九年闰四月，走马上任是在当年七月。这时的慈禧已十五岁，显然慈禧并没有出生在内蒙古。惠征是带着家眷赴任的，只能说慈禧在呼和浩特居住过。

六、山西长治说。 此说又称为"潞安说"。今天的长治市就是清朝的潞安府。此说不但说慈禧出生在长治，并且说慈禧根本不是满洲人，她的生父也不是惠征。

据这种说法，慈禧是山西长治县西坡村王增昌的女儿，名叫"王小慊"。由于家境穷困，慈禧四岁时就被卖给了上秦村宋四元家，并改名为"宋龄娥"。几年后宋家遇到灾难，又将其卖给了潞安府知府惠征家为婢，改名为"玉兰"。有一次，玉兰在服侍惠征夫人富察氏洗脚的时候，看见她的脚底有一颗痣，便说自己的两只脚底都有痣。富察氏一听大惊，两脚底都有痣，那可是做皇后的命。于是，不敢再让她做婢女，而收她做干女儿，并在府中精心培养。到了咸丰二年（1852）宫中秀女大选的时候，玉兰便以惠征之女叶赫那拉氏的身份，被选入宫。

1989年的6月23日，长治市郊区（原属长治县）下秦村七十七岁的村民赵发旺带着他和上秦村宋双花、宋六则、宋德文、宋德武等人的联名信和每人按了手印的书面材料，找到长治市地方志办公室负责人刘奇称：慈禧是上秦村人。他是慈禧太后的五辈外甥，宋双花、宋六则等人是慈禧的五辈侄孙，他们要求政府帮助澄清。此后，长治市志办的工作人员到上秦村做了调查。根据调查，长治市志办的刘奇写了一篇《慈禧太后是长治人》的文章，发表在《长治日报》。长治市为此专门成立了慈禧童年研究会，《长治日报》连篇刊载了有关慈禧童年及其家世的文章，认为"慈禧太后本是山西汉人"。近几年，长治慈禧研究会还陆续编辑出版了《慈禧童年考》《慈禧童年——解开百年不解之谜》等书，还拍摄了《慈禧是长治人》《慈禧后代、乡亲话慈禧》的电视片、资料片，举办了慈禧童年展览等等。长治市慈禧文化研究会会长刘奇最新编著的《慈禧生平》一书认为"慈禧本是长治汉家女"，并称此说的依据有五十余项，其中主要的有三十八项，大致分为民间口传史料、历史实物和典籍文献三大类。

由于政府部门的参与，山西长治说在人证物证和宣传组织上得到了官方扶持，使得其说在史学界争议最多。但在这里需要说明的是，口碑传说虽说有一定的参考价值，但在认定历史中，档案更有价值和意义，更具权威性。判断事实真相，要靠档案来考证的，而不是传说。因此，笔者认为慈禧生于北京，是满族人，这一说法是最可靠的。

"老佛爷"

在许多书中，都有称慈禧为"老祖宗"、"老佛爷"的说法。在慈禧身边生活、工作过的女官裕容龄在《清宫琐记》中写道：按清宫里的惯例，王府的格格和宫女们称慈禧为"老祖宗"。这是因为王府的人很多，有的比慈禧小一辈，有的小两辈或三辈，为了称呼方便，所以统称她为"老祖宗"。

太监们称慈禧为"皇太后"，在背后则称"老佛爷"。

对于慈禧"老佛爷"这个称呼的由来，有三种不同的说法。

其一，加号说。曾在宫中服侍过慈禧的德龄认为"老佛爷"的称号是李连英给取的。原因是：当时的北方地区经常干旱少雨，按照惯例，每逢大旱都要向如来佛求雨，慈禧是个虔诚的佛门弟子，每一次求雨慈禧都是必然前往的，并且坚持到雨来。一次北京大旱，慈禧又去求雨，这一次只求了三天，雨就来了，善于拍马的李连英恭维地对慈禧说："太后真是了不得！瞧佛爷多么听太后的话！太后差不多就好像佛爷一样！"慈禧对此称呼，感到很是受用。于是"老佛爷"的称号就传开了。

王浩元在《清宫秘史》中说："'老佛爷'三字，乃满人尊称帝后的徽号。"

蔡东藩在《慈禧太后演义》中说："慈禧在过六十大寿时，自加徽号，令承值人等称她作'老佛爷'，或称她作'老祖宗'。"

其二，沿蒙古说。王无生在《述庵秘录》中说："宫中称慈禧为'老佛爷'，沿蒙古俗也。"

其三，拜佛坐禅说。据《清朝野史大观》记载："孝钦后政暇，尝作观音妆，以内监李莲英为善财，李姊为龙女，用西洋法照一极大相，悬于寝殿。宫中均呼孝钦为'老佛爷'"。

既然被称为"老佛爷"，其人必定是崇佛、信佛、礼佛，是虔诚的佛教弟子。从其称呼的使用方式、地点和频率来说，"老佛爷"应该是宫中内外对崇信佛教的帝后的一种尊称。故此，称慈禧"老佛爷"应该是宫中对慈禧的一种尊称。而"加号说""沿蒙古说"两种说法，就很难成立了。

慈禧信佛，即使外出巡视也是如此。据德龄说："太后生性崇奉佛教，伊有一尊磁制的观音像，差不多是终年不断地虔诚供奉着的，此刻已早就派人赍到这里来了。有时候伊也喜欢念经，所以必须另有一间静室。"

对于慈禧称"老佛爷"的时间，有三种说法：一说是慈禧七十岁时"慈禧扮观音"之后的事；一说是在光绪大婚（光绪十五年）后不久，慈禧五十五岁时；另一说则是光绪二十年，慈禧六十大寿时。说慈禧在五十五岁、六十岁时始称"老佛爷"，比较近乎情理，而七十岁之说显然不妥。这是因为自外国列强入侵，慈禧西逃后，慈禧的称号则有新的变化：老佛爷转称为"老祖宗"，"老佛爷"这一称呼在宫中很少使用了。

据美国画家卡尔记载："宫中诸人之称呼太后，皆以'老佛爷'三字代之。此三字即含有神圣不可侵犯之意。洎自西安府回銮后，人遂易称以'老祖宗'。皇上皇后亦如是称呼，太后命予如是称呼之。"光绪二十九年（1903），德龄入宫后，慈禧对她说："余且导尔以见光绪帝。但尔必呼之'万岁爷'，而呼余'老祖宗'也。"并且慈禧也曾说："以后凡有所赐给，其事之小者，尔仅谓'老祖宗'谢谢可矣。"

从"老佛爷""老祖宗"这些称呼上可以透视到慈禧内心世界的空虚和极强的虚荣心、自尊心。

第六章
再现宫廷凶险

慈禧作为一个封建社会的普通女人，要想成为一个出色的女政治家，除了计谋，也许只有凶残狠毒的手段，才能使她走向成功。于是，儿子、养子、小女人、老女人等都成为了她的政治对手，她也毫不留情地一个都没有放过，最后都被她统统拿下。

慈禧生儿子，一步登天

在后宫中，得到皇帝的宠幸是每个女人日思夜想的事情。得到皇帝宠幸，不仅能满足女人生理上的需求，还能给女人带来权力、地位和家族的荣耀，否则不仅什么都没有，甚至还有性命之忧。而决定后宫女人这一切的则是她们的共同男人——皇帝。

咸丰帝，爱新觉罗·奕詝，清朝第九位皇帝，定都北京后的第七位皇帝，道光帝第四子，生母是孝全成皇后钮祜禄氏，出生于圆明园。他是清朝以及中国历史上最后一位有实际统治权的皇帝，也是清朝最后一位通过秘密立储继位的皇帝。道光二十六年（1846）被立为皇储，道光三十年（1850）继承皇位。"咸丰"

咸丰帝朝服像

是他在位时用的年号。咸丰帝的即位应该说是完全得益于雍正帝创建的立储制度。清宫立储制：皇帝在生前对诸皇子进行考察，如果认为哪位皇子可作为自己的继承者，便将其名字写入谕旨，装入匣中，藏于乾清宫内的"正大光明"匾后。当皇帝龙驭上宾之日，打开匣子，宣布密旨，确立新皇帝。

咸丰帝即位之初，并不是纵情声色的昏庸皇帝，也不是像民间传说那样，每天"以醇酒和妇人自戕"，而是一位励志图强的皇帝。他立志整顿吏治，不仅斥贪官求直言，而且还大胆启用革职官员，为曾在虎门销烟的林则徐平反。但席卷江南的太平军起义和洋人寻衅挑事，使咸丰帝励精图治、国泰民安的梦想破灭了，转而破罐子破摔，每天纵情声色。咸丰帝在第二次鸦片战争英法联军逼近北京时，以巡幸为名，逃往热河，最终病死于避暑山庄。

初入皇宫的慈禧只是一名贵人。清制，后妃分为八个等级：皇后、皇贵妃、贵妃、妃、嫔、贵人、常在、答应。清宫选秀女重德不重色。"兰贵人"这一称呼是慈禧最初入宫时使用的封号。这可以看出，慈禧进入皇宫时的地位不是很高。笔者认为，"兰贵人"中的"兰"字也可能就是慈禧在娘家时的名字，"贵人"是宫中位号的级别。

在封建社会，能生儿子是女人最大的资本，平民百姓常说"不孝有三，无后为大"。在皇宫，一个女人要想脱颖而出，光凭长相是远远不够的，还要靠女人的肚子和非凡的心机。能得到皇帝雨露的女人如果能为皇帝生下一个儿子则成为她最大的政治资本，所以生儿子是皇宫中所有女人的最大心愿和希望。慈禧人很聪明，但更重要的是她的肚子很争气，儿子的降生以及之后当上

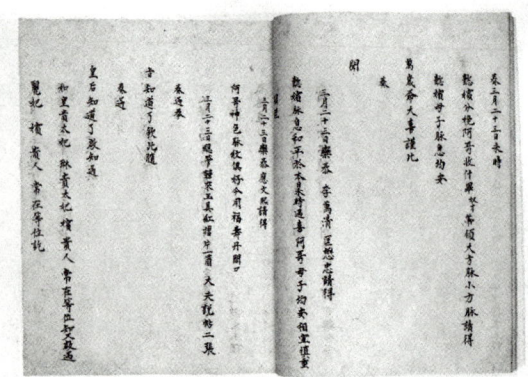

懿妃（慈禧）遇喜档

皇帝这两个有利条件成为她生命中的辉煌起点，皇太后头衔是她的政治光环，儿子是皇帝则是她"挟天子以令诸侯"的王牌。

咸丰帝临死前，将自己生前随身携带的两枚私章"御赏"和"同道堂"作为皇帝权力的象征，分别赐予皇后钮祜禄氏（即慈安）和独生子载淳，目的在于防止皇权落入大臣和其他妃嫔之手。私章一般不用于政治活动，只用于书画鉴赏作为私人收存证明，但在特定场合下也使用私章，如道光帝在立储时，用的就是他的私章——"慎德堂"。在清朝，真正用于颁发上谕和敕令的，只有咸丰帝遗留的"御赏"和"同道堂"两枚印章。"御赏"印，田黄石质地，朱文篆刻，面宽1厘米，长2厘米，通高5厘米；"同道堂"印，寿山石质地，阴文篆刻，面2厘米见方，通高8厘米。

咸丰十一年（1861）七月，咸丰帝病死在承德避暑山庄"烟波致爽"殿。据《军机处上谕档》上记载，咸丰帝曾一日连发两道谕旨，同时规定了以后下达诏谕的符信为"御赏"和"同道堂"两印章。

第一道上谕为：

咸丰十一年七月十六日，奉朱谕：皇长子御名（即载淳。军机处抄录上谕时，为避讳空格，粘贴黄签"御名"二字）著立为皇太子。特谕。

"同道堂""御赏"石章

第二道上谕为：

"同道堂"宝文　　　"御赏"宝文

皇长子（御名）现立为皇太子，著派载垣、端华、景寿、肃顺、穆荫、匡源、杜翰、焦祐瀛尽心辅弼，赞襄一切政务。特谕。

咸丰帝任命的八位大臣在咸丰帝去世当天，就以赞襄政务王大臣的名义，将"御赏""同道堂"印章的使用办法咨文内阁和地方各衙门。

给内阁的咨文是：

赞襄政务王大臣交内阁：本日，本王大臣等拟旨缮递后，皇太后、皇上钤用图章发下，上系"御赏"二字，下系"同道堂"三字，以为符信。希贵衙门于发抄后，敬谨收存，按月恭缴本处。此交。（《军机处上谕档》）

给地方官员的咨文是：

赞襄政务王大臣为咨行事：嗣后，各路总兵大臣，各省督抚、学政及各城将军、参赞大臣、都统、副都统、办事大臣、帮办大臣、提督、总兵等，遇有拜发折报时，另备印文，开明所发折若干封，片单若干件，用印封，随折报交捷报处，以便本王大臣查核。即希吏、兵部由五百里分别转行传知，一体遵办可也。再，本王大臣拟旨缮递后，请皇太后、皇上钤用图章发下，上系"御赏"二字，下系"同道堂"三字，以为符信。并希转传京外文武各衙门一体钦遵，按照朱笔随时恭缴。今用印不及，先行白片，后补印文可也。需至咨者，右咨吏部、兵部。（《军机处上谕档》）

清朝官员的书札《热河密札》①中记载：

两印均大行（指已死的咸丰帝）所赐，母后（慈安）用"御赏"印（印起），上（同治帝载淳）用"同道堂"印（印讫）。凡应用朱笔者用此代之，述旨亦均用之，以杜弊端。

从以上可以看到，慈禧的"皇太后"这一名号只是一种尊号，只是身份和地位上的升迁，并没有得到政治上的权力。说得通俗点就是，咸丰帝死后，将国家的统治权力交给了慈安和他的儿子

---

① 又称《端肃遗事密札》，即咸丰帝在承德避暑山庄时身边军机章京给北京同僚的信件。

载淳，管理权则是辅政八大臣，慈禧被排除在了国家政治权力之外。代表皇室权力的是咸丰帝给慈安的"御赏"印章；代表皇帝权力的是咸丰帝给载淳的"同道堂"印章。在咸丰帝死后，皇帝的谕旨和一切国家的政令文书要想具有法律效力，必须先加盖"御赏"后再加盖"同道堂"两印章。慈禧虽也是皇太后，但咸丰帝在临死的时候却没有给予她这份政治权力。可是，慈禧利用她是六岁皇帝亲生母亲这一特殊的身份，将本属于她儿子的权力抓在了自己的手中，代替儿子掌管"同道堂"印章，这是她开始掌握大清政权的第一步，铲除辅政大臣则是她的第二步。

咸丰十一年（1861）十一月初一日，慈禧和慈安开始了清朝历史上的首次皇太后垂帘听政。"垂帘听政"的政治体制可以说是慈禧一手策划的，慈安没有这方面的能力，也没有这方面的需

养心殿东暖阁，慈禧垂帘听政处

求和愿望，其母后皇太后的身份和掌管"御赏"印章的权力被慈禧所利用。

在历史上，皇太后听政并非是慈禧的独创。

中国古代，因为皇帝年幼不能处理朝政，由皇太后代为执政的事屡见不鲜。皇太后接见臣子时，因为男女有别，不能直接与臣子面对面，需要在御座前悬挂帘子，皇太后在帘后接见群臣，所以叫"垂帘听政"，也叫"临朝称制"。从字面上看，"听政"、"称制"者不分男性女性，实际上都是指女性，而且大都是皇太后。据考证，中国的垂帘听政始于战国时期秦国的宣太后芈八子，也有说是始于汉朝初期汉惠帝不理政事，吕后临朝。

关于垂帘听政的礼仪，咸丰十一年（1861）十月十六日《穆宗毅皇帝实录》中有《垂帘章程》记载，其中第五、第六条中有如下的记述：

> 召见内外臣工：拟请两宫皇太后、皇上同御养心殿，皇太后前垂帘。于议政王、御前大臣内轮流派一人，将召见人员带领进见。
>
> 京外官员引见：拟请两宫太后、皇上同御养心殿明殿。议政王、御前大臣带领御前，乾清门侍卫等照例排班站立。皇太后前垂帘设案，进各员名单一份，并将应拟谕旨分别注明。皇上前设案。带领之堂官照例进绿头签，议政王、御前大臣捧进案上，引见如常仪。其如何简用，皇太后于单内钦定、钤用御印交议政王、军机大臣传旨发下，该堂官照例述旨。

两宫皇太后垂帘听政的地点在养心殿正殿的东暖阁。在东暖阁里一前一后摆设两个宝座，都朝西，后面的座前挂一黄色纱帘。听政的时候，小皇帝坐在帘前宝座上，两太后并肩坐在纱帘后的宝座上，慈安在南，慈禧在北。应召前来的大臣跪在小皇帝前边的地毡上，膝下垫着垫子。听大臣奏报，向被召见的大臣问话、发指示，主要是后边坐的西太后，小皇帝只是呆坐在前，一言不发，只是一个傀儡皇帝。

同治十二年（1873）正月二十六日，同治帝十八岁亲政前，两位皇太后最后一次垂帘听政，在养心殿召见亲王、郡王、御前大臣、军机大臣、大学士、总管内务府大臣、六部尚书，向他们宣布撤帘归政，谕令诸王、大臣以后要尽心辅佐皇帝，"力戒因循"。然而，同治帝亲政仅仅一年就病死了。

小两口双双毙命

同治十三年十二月初五日（1875年1月12日），清宫爆出惊人的消息：年仅十九岁的同治帝驾崩了。

少年皇帝的早死，引起了朝野种种议论和猜测。归纳起来有五种说法：

一、**死于天花**。《穆宗毅皇帝实录》记载，同治十三年十一月，同治帝得了天花。

恽毓鼎的《崇陵传信录》也认为同治帝实系患痘，外传花柳毒者非也。

同治帝的老师翁同龢在他的日记中也记录同治帝患的是天花。

同治帝便装像

李秉新和石玉新等人在《清宫八大疑案》"同治死因"中也持同治帝死于天花之说。该书的主要依据是中国第一历史档案馆的《万岁爷天花喜进药用药底簿》。并且在将"脉案"与天花之症做了对比之后，得出了结论：同治帝死于天花，而非死于梅毒或者其他病症。同时，又引用同治帝老师翁同龢的日记"（十一月）初八日，诸臣上前瞻仰，伏见天颜温晬，偃卧向外，花极稠密，目光微露"和初九日关于同治帝的头、面皆是灌浆饱满的痘粒的记载后指出：

翁同龢像

"翁同龢的这些记述，因属私家密记，当然是可信无疑的。再将同治帝从发病至死这三十七天的'脉案'，逐日与《翁同龢日记》核对，两者所记之病情诊断、开方用药等也基本一致。从翁的日记中也丝毫看不出有隐讳、影射梅毒或其他难言的病症。因此，那些认为同治帝是因微服夜行染上梅毒疮发而死的说法，应该说是毫无根据的主观臆断。"

天花是由病毒引起的一种烈性传染病，表现为高烧、浑身乏力、恶心呕吐和严重皮疹等症状，得病后的死亡率极高。侥幸逃生者，也会留下永久性的疤痕（如脸上的麻子）或导致失明。我国民间甚至有俗语说："生了孩子只一半，出了天花才算全。"

通过对中国第一历史档案馆珍藏的当年同治帝治病"脉案"《万岁爷天花喜进药用药底簿》分析得知，同治帝从得天花到死，长达三十七天。按照常规，天花来势凶猛，发展迅速，对未免疫人群感染后15—20天内致死率高达30%，百姓如此，皇帝也应如此。那么，同治帝所患的病就很令人怀疑了：十月三十日到十一月二十日，同治帝的病情基本得到控制，痘痂结收脱落。但此后突然又流毒继发，而部位集中在腰臀，溃烂流脓，此后又续发失眠多梦、遗精尿血等并发症。这些症状与梅毒病颇为相似。

清朝入关第一帝顺治帝死于天花，第二帝康熙帝年幼时，为了避天花，从皇宫避难到外地，最终虽然逃脱了天花的魔掌，但也在脸上留下了麻子。康熙帝认识到天花对大清王朝统治的威胁，他在总结前人经验教训的基础上，主动对天花实行预防为主的策略，并且首先从宫中开始实行种痘法。

据清宫档案《阿哥种痘档》记载：乾隆二十八年（1763），乾隆帝的第十五子颙琰，即后来的嘉庆帝种痘十分成功。如果同

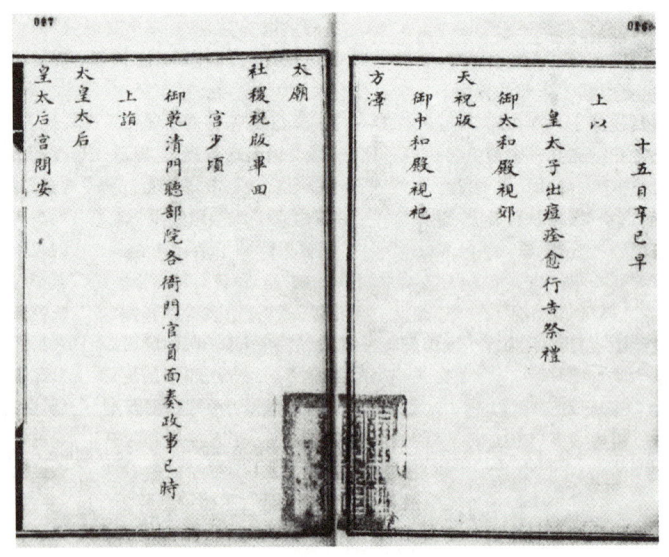

康熙十七年（1678年）《起居注》中记载皇太子出痘痊愈

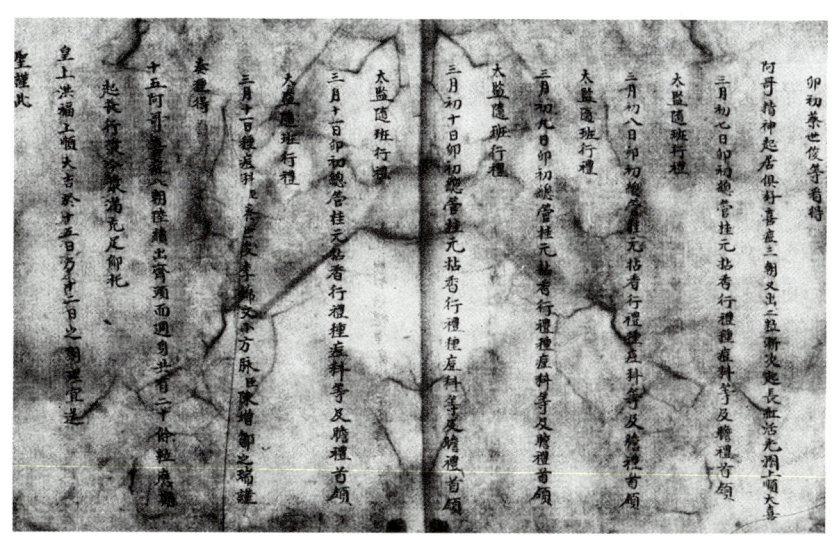

乾隆朝十五阿哥种痘档

治帝严格按照清宫的阿哥种痘制度，怎么还会得天花呢？所以人们对同治所得的病是天花也表示怀疑。如果皇宫中的御医没有误诊的话，那现在只能有两种解释：一种解释是同治帝做阿哥时种过痘，但没有起作用；另一种解释是宫中的种痘制度在嘉庆朝以后已形同虚设，同治帝做阿哥时没有种过痘。因为从现存的清宫档案中没有发现乾隆朝以后的阿哥种痘的记载，如果档案没有丢失的话，那只能说乾隆朝后，宫中阿哥种痘制度没有继续执行。

二、死于梅毒说。《清朝野史大观》中写道：孝哲后，崇绮之女，端庄贞静，美而有德，帝甚爱之，以格于慈禧之威，不能相款洽。慈禧又强其爱所不爱之妃，帝遂于家庭无乐趣矣。乃出而纵淫，又不敢至外城著名之妓寮，恐为臣下所睹，遂专觅内城之私卖淫者取乐焉。从行者亦惟一二小内监而已。人初不知为帝，后亦知之，佯为不知耳。久之毒发，始犹不觉，继而见于面、盎于背。传太医院治之，太医院一见大惊，知为淫毒（梅毒），而不敢言，反请命慈禧，是何病症，慈禧传旨曰：恐天花耳。遂以治痘药治之。不效，帝躁怒，骂曰："我非患天花，何得以天花治？"太医奏曰："太后命也。"帝乃不言，恨恨而已。将死之前数日，下部溃烂，臭不可闻，至洞见腰肾而死。

梅毒是由梅毒螺旋体感染而引起的。通常在感染后两到三周左右开始发病。此病表现极为复杂，几乎可侵犯全身器官，造成多器官的损害。因此，能对生命构成实质性的伤害。

三、服毒自杀说。苏海若在《皇宫五千年》中介绍同治帝死因时说："穆宗之陨，其说不一。有谓其患天花而死者，有谓其得梅毒而死者，有谓其服毒而死者。三者未知孰是。"这里提到了"服毒而死"的说法。此说法史书不多见。

四、综合说。中国台湾作家高阳在他的《慈禧全传》中指出：同治帝是死于天花与梅毒的并发症，天花引发梅毒的再次爆发。

通过以上分析得知，天花与梅毒在患病时有很多相似的地方，从"痘痂俱落，而腰间溃孔，左右臀部溃孔……皇上六脉已绝"中，似乎可以得出这样的结论：同治帝得的病是梅毒或者天花与梅毒两种病。

五、慈禧害死说。《清宫十三朝》在第八十回中写道：皇帝这样在外面微行（指冶游妓寮事），不无冒着风寒，又因贪多纵淫，兼收并蓄，不免染了血毒。不多几天，皇帝病了……病体略为清健，又溜出后宰门，追寻前欢。后来，索性连夜玩起来，一夜不回大内。……不意上次种下毒根，近来又任意逞欲，雪上加霜，到了十月里又暴发起来，连头面上都发现出来。宫廷里面盛称皇上生了天花。真也奇怪，御医未识受病的缘由，只将不痛不痒的药味，搪塞过去，因此蕴毒愈深，受病愈重。十一月初，御体竟不能动弹。冬至祀天，遣醇亲王奕𫍽恭代行礼；所有内外各衙门章奏，都呈两宫皇太后披览裁定。诸王大臣等，总道是皇上染上了痘症，没有什么厉害。况且年未弱冠，血气方刚，也不至禁受不起。大家不过循例请安，断不料变生意外。孰知到了十二月，同治病快好了，行动时只需宫女们扶住。这时，同治帝大进饮食。不意慈禧太后断了皇帝的医药饮食，到了初五日，忽然皇帝死了。

此说法是，在同治帝得病之后，慈禧借机相害。

清逊帝溥仪认为，同治帝得的是天花，但死亡的直接原因则是病后受到慈禧的惊吓才死的。他在《我的前半生》中写道：在野史和演义里，同治是因得花柳病不治而死的。据我听说，同治是死于天花（《翁同龢日记》也有记载）。按理说天花并非必死之症，但同治在病中受到了刺激，因此发生"痘内陷"的病变，以致抢救无术而死。据说经过是这样：有一天同治的皇后去养心殿探病，在同治床前说起了婆婆又为了什么事责骂了她，失声哭泣。同治劝她忍受着，

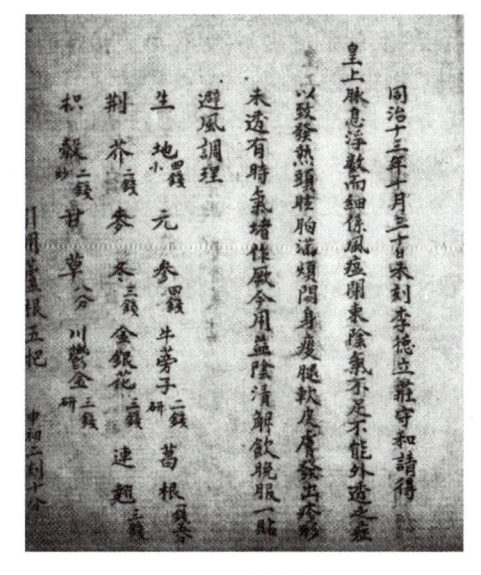

同治帝遇痘档

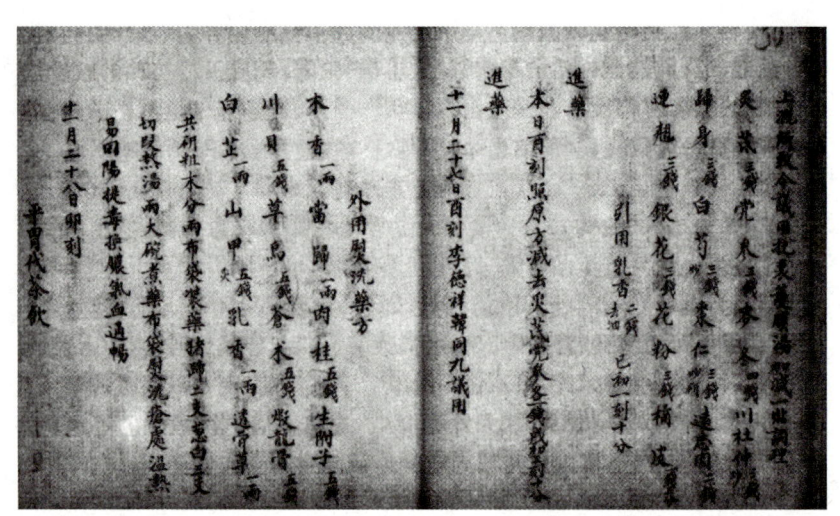

同治帝脉案

说将来会有出头的日子。慈禧本来就不喜欢这个儿媳,对儿子和媳妇早设下了耳目。这天,她听说皇后去探视同治,就亲自来到养心殿东暖阁外,偷听儿子和媳妇的谈话。这对小夫妻万万没想到几句私房话竟闯下滔天大祸,只见慈禧怒气冲冲地闯了进来,一把抓住皇后的头发,举手痛打,并且叫内廷准备棍杖伺候。同治吓得昏厥了过去,慈禧因此没有对皇后用刑。同治一死,慈禧把责任全部安到皇后的头上,下令限制皇后的饮食。两个月后,皇后也就被折磨死了。

不管同治帝患天花还是梅毒,或者天花与梅毒的综合病,对于同治帝的早死,慈禧都负有不可推卸的责任。但具体说到同治帝究竟得的是哪种病,那就只能是仁者见仁,智者见智了。

同治帝死了,大清国不能没有皇帝,哪怕是一个幼儿皇帝也是必须存在的,慈禧作为大清国的实际掌权者,更明白其中的道理,而同治帝没有儿子,皇位由谁来继承?这对于慈禧来说,并不为难，她根据自己的需要，确定了新一代皇帝——自己妹妹的儿子，继承大清国皇位。

同治十三年（1874）十二月初五日，慈禧在养心殿西暖阁宣布："醇亲王奕譞之子载湉，著承继文宗显皇帝为子，入承大统，为嗣皇帝。"这也就是说，光绪帝是咸丰帝的过继儿子，与同治帝是兄弟关系，慈禧仍为皇太后，而这种关系就为慈禧第二次垂帘听政提供了机会。

为什么立醇亲王儿子载湉为嗣皇帝呢？一是载湉与同治帝同为道光帝孙子；载湉的生母是慈禧的亲妹妹。这样来说，慈禧既是载湉的伯母，又是载湉的大姨，她当载湉的继母，属于亲上加

奕譞与叶赫那拉氏（慈禧妹）

亲，她仍是皇太后。二是载湉只有四岁，还是一个孩子，容易管教，作为载湉的继母，她就有再次垂帘听政的机会。

同治帝死了，新皇帝也登基了，年号"光绪"。事情好像是很简单，但对于同治帝的未亡人——皇后阿鲁特氏来说，则是天塌了一般。按理说新皇帝即位，她则是皇太后，可是光绪帝是咸丰帝的继子，与同治帝是兄弟关系，那么她的身份则成为新皇帝的皇嫂了。并且慈禧下懿旨封阿鲁特皇后为"嘉顺皇后"，言外之意就是警告阿鲁特氏顺从始可嘉，逆来也要顺从。慈禧的做法，不仅令阿鲁特氏失去了中宫皇后拥有的权力和地位，而且彻底断绝了阿鲁特氏当皇太后的念想。

阿鲁特氏即孝哲毅皇后，蒙古正蓝旗崇绮的女儿，生于咸丰四年（1854）七月初一日辰时。同治十一年（1872），同治帝已经十七岁了，已经是大婚的年龄了，两宫皇太后开始为皇帝大婚确定选后立妃准备了。经过反复挑选，最后只剩下十人，其中有翰林院侍讲崇绮的女儿阿鲁特氏，十九岁；员外郎凤秀的女儿富察氏，十四岁。在立谁为皇后的问题上，慈安太后看中了崇绮之女阿鲁特氏，认为阿鲁特氏生长在世代为官的书香门第，知书达理，淑慎端庄；而慈禧太后则看中了富察氏，认为这位聪颖的少女有自己年轻时的影子，年轻俏丽，明慧娇憨。

据说，慈禧对选皇后问题还有更深一层的政治考虑：凤秀之女年轻阅历浅，容易受人摆布。对于皇后的人选，两宫皇太后都想做主。慈禧是皇帝的生母，慈安是"正牌"皇太后，两宫太后势均力敌、旗鼓相当，因此僵持不下，谁也不肯让步。最后决定由皇帝自己拿主意。慈禧自认为稳操胜券，没想到同治帝竟按慈

孝哲毅皇后朝服像

安的意见选立了阿鲁特氏为后。同治帝的这一做法,使慈禧不但迁怒于慈安和同治帝,同时也憎恨起无辜的阿鲁特氏来,这就为后来的婆媳不和埋下了隐患。

慈禧为什么对阿鲁特氏当皇后这样反感?据说主要有三个原因:

一、政治出身原因。 阿鲁特氏的外祖父端华是咸丰帝临终指定的"赞襄政务八大臣"之一,在"辛酉政变"中被慈禧赐以自尽,虽然这件事情已过去了多年,但让自己政敌的外孙女进宫当皇后,慈禧的心里很不舒服。

二、迷信意识原因。 中国古人非常讲究属相相克相生,慈禧属羊,阿鲁特氏属虎。属虎的人入主中宫,慈禧有"羊落虎口"之忧。

三、逆反心理原因。 慈禧与慈安在选皇后问题上的对立,使这位争强好胜的女人有一种失败感,儿子不站在自己立场上为她争气,于是将这种怨恨撒在了阿鲁特氏的身上。

虽然慈禧对阿鲁特氏当皇后有一百二十个不乐意,但由于同治帝已将玉如意交到阿鲁特氏手里了,众目睽睽,身边又有个地位高于自己的慈安,自己的委屈也只能先放到肚子里,暗气暗憋了。但决定下来的事情表面上还得正常办理。同治十一年(1872)二月初三日,两宫皇太后颁发懿旨:

> 皇帝冲龄践阼,于今十有一年,允宜择贤作配,正位中宫,以辅君德而襄内治。兹选得翰林院侍讲崇绮之女阿鲁特氏,淑慎端庄,立为皇后。特谕。

同治十一年（1872）九月十四日，阿鲁特氏进入皇宫，九月十五日被册立为皇后。

由于女儿当上了皇后，崇绮一家的旗籍由蒙古正蓝旗被抬入满洲镶黄旗。崇绮推恩被封为三等承恩公，其官职由五品一下子升为二品高官了。

阿鲁特氏进入皇宫当上了皇后，表面看是无限的荣华和风光，但实际上等待她的则是无尽的坎坷和痛苦。婚后，阿鲁特氏与同治帝相亲相爱，相敬如宾。但由于慈禧的横加干涉，使这对小夫妻备受煎熬。

当上皇后的阿鲁特氏，自命清高，认为自己出身高贵，对于慈禧的刁难指责，不是想办法改善关系，而是依仗自己是从大清门进皇宫的这一特殊荣耀，我行我素，甚至言语顶撞。据说，阿鲁特氏陪同慈禧看戏，每当演淫秽情节时，阿鲁特氏则回首面壁

大清门（老照片）

不看，慈禧几次制止，无效，对此慈禧对阿鲁特氏很忌恨。有人好心劝她要处处讨好慈禧，阿鲁特氏则说："敬则可，昵则不可。我乃奉天地祖宗之命，由大清门迎入者，非轻易能动摇也。"慈禧地位虽高，却是沾了儿子的光才当上皇太后，其入宫时的地位仅是贵人，根本无法奢望从大清门进入皇宫，因为只有迎娶的是皇后才可从大清门进入皇宫，不是从大清门进入皇宫这件事，是慈禧永远的痛。皇后阿鲁特氏的话，真是哪壶不开提哪壶，无疑是捅在了慈禧的痛处，极大地刺伤了慈禧。

据崇彝《道咸以来朝野杂记》记载：一次，慈禧萌发了要废掉阿鲁特氏皇后位的想法。于是将担任宗人府宗令的咸丰帝的五弟惇亲王奕誴召来商议此事。惇亲王说："欲废后，非由大清门入者不能废大清门入之人，奴才不敢奉命。"这更加深了慈禧对阿鲁特氏的痛恨。

据说，在同治帝病危时，阿鲁特氏未经慈禧同意，到养心殿看望同治帝。被慈禧发现，慈禧闯入寝室大骂皇后："好个狐媚子，又来勾引皇帝。"阿鲁特氏辩解："我是乘凤辇从大清门迎娶进宫的，天下皆知，皇帝生病我前来看望，犯了什么罪？"慈禧认为皇后这是有意在众人面前讽刺她出身低贱，于是对皇后大打出手，吓得同治帝病情更加严重。别看慈禧对于同治帝的病情并不关心，但听说皇后阿鲁特氏已经怀孕，她却非常动心，怕皇后生了皇子后立为皇储，如果那样，照祖宗制度，皇后阿鲁特氏则升为皇太后，自己则升为太皇太后，那就意味着自己再也不能听政了，自己也就再没有权了。在这种情势下，心毒手狠的慈禧只得将皇后逼死。

光绪元年（1875）二月二十日的夜半时分，年仅二十二岁的皇后阿鲁特氏含恨而死。距离同治帝死日仅有两个半月。阿鲁特氏死亡的当天，两宫皇太后谕内阁：

> 嘉顺皇后于同治十一年作配大行皇帝，正位中宫，淑慎柔嘉，壶仪足式。侍奉两宫皇太后，承颜顺志，孝敬无违，上年十二月痛经大行皇帝龙驭上宾，毁伤过甚，遂抱沉疴，遽于本日寅刻崩逝，哀痛实深。

按照懿旨中的说法，阿鲁特氏是思念同治帝过度，得重病而死。但朝野对于皇后之死议论纷纷，概括起来有四种说法：吞金而死、绝食而死、吞鸦片而死和服毒药而死。但无论哪种死，均属于自杀，非正常死亡。又据说，在阿鲁特氏自杀之前，她的父亲崇绮进宫看望她，终日以泪洗面的阿鲁特氏询问自己应该怎么办时，无奈的父亲只得在自己手上写了一个"死"字，让女儿看。

清惠陵（同治帝的陵寝）前景

没过几天,阿鲁特氏便死了。

在这四种说法中,吞金而死的说法影响最大,并且此种说法的传播,使得阿鲁特氏在死后也不得安宁,惨遭劫难。情况是这样的:1945年同治帝的惠陵被当地土匪盗开后发现,同治帝只剩下一把枯骨了,而阿鲁特氏皇后虽然入棺七十年,尸身却依然完好。由于地宫洞口敞开着,附近的许多村民都到地宫中"探险"。据目睹过皇后尸身的人讲:皇后躺在墓室的东南角,仰身向上,披散着长发,微闭着双眼,面容完好,没有丝毫痛苦表情,可她的腹部却被剖开,肠子流了一地,胆大的人用手按一按娘娘的皮肉,还有弹性呢!就是因为社会上传说皇后是吞金而死的,盗陵匪徒为了找金子,将皇后剖腹,肠子从头到尾撸了一遍。至于是否找到金子,不得而知。

其实,慈禧容不下的不仅仅是这个皇后,另一个女人的经历更为悲惨,她就是光绪帝最心爱的女人——珍妃。

想起了死在井里的珍妃

珍妃,他他拉氏,满洲镶红旗人,她的祖父裕泰是陕甘总督,父亲长叙曾任户部右侍郎,她的伯父长善曾任广州将军。珍妃和姐姐瑾妃自幼生活在伯父长善家里,在广州长大。长善虽为武将,却喜交文人墨客,他曾聘文廷式教习两位侄女读书。文廷式是当时有名的文人,曾中过榜眼。珍妃十岁那年,长善卸任广州将军,姐妹二人才回到北京。

光绪十五年(1889)二月,姐妹二人通过选秀女双双入选宫中,

珍妃像

珍妃之宝

十五岁的姐姐被封为瑾嫔,十三岁的妹妹被封为珍嫔。光绪二十年(1894)正月初一日,因慈禧六旬万寿加恩晋为妃。

对于珍妃怎样入选进入皇宫的,曾经在皇宫当太监的唐冠卿回忆说:

> 慈禧太后为德宗选后,在体和殿召备选之各大臣少女进内,依次排列。与选者五人,首列那拉氏都统桂祥女,慈禧之侄女。次为江西巡抚德馨之二女。末列为户部右侍郎长叙之二女。当时太后上坐,德宗侍立,荣寿固伦公主(为恭亲王奕䜣长女)及福晋、命妇立于座后。前设一小长桌,上置镶玉如意一柄,红绣花荷包二对,为定选证物。清例,选中后者,予以如意;选妃中者,予以荷包。太后手指诸女谓德

宗曰："皇帝，谁堪中选，汝自裁之。合意者即授以如意可也。"言时，即将如意授以德宗。德宗对曰："此大事当由皇爸爸主之，子臣不能自主。"太后坚令其自选。德宗乃持如意趋德馨女前。方欲授之，太后大声曰："皇帝！"并以口暗示其首列者。德宗愕然，既乃悟其意，不得已，将如意授其侄女。太后以德宗意在德氏女，即选入妃嫔，亦必有夺宠之忧，遂不容其续选，匆匆命公主各授荷包一对与末列二女。此珍妃姐妹之所以获选也。

从这段回忆来看，珍妃姐妹二人的入选，完全是"无心插柳柳成荫"的结果。慈禧之所以会在皇帝选后的事情上干预，其目的有二：一是将自己信服的亲人安插在皇帝身边做耳目；二是向世人宣示自己的权力，皇帝个人的婚姻生活都是她要管的。但慈禧在光绪选后妃这一问题上的做法，使得本不应入选皇宫的珍妃姐妹二人入了皇宫，这对于珍妃姐妹二人来说，不是幸运而是悲剧。她们既是慈禧棋盘上的两颗棋子，也是政治上的牺牲品，丧失了常人应有的幸福，所剩的只是一场悲哀：妹妹只有短暂快乐时光就被投入井里死于非命；姐姐除了受牵连吃挂落外，更是常年守寡。

说到珍妃之死，就不能不说说慈禧的那位侄女——叶赫那拉氏孝定景皇后（即隆裕太后）。孝定景皇后与光绪帝的婚姻根本没有任何幸福可言，她之所以能嫁给光绪帝，并不是慈禧看中了她的聪明与才干，只是利用她是自己侄女的身份，看中的是亲戚关系。慈禧一生都在玩弄权术，她用人的原则相当有尺度，光绪帝是她选中的皇帝，但她还不放心，即便是亲生儿子也不向着自己，还令自己多次下不来台。这次光绪帝的婚姻，她要完全做主，皇后不但由她立，妃嫔也要由她选。她这次立自己的侄女为皇后，使得大清爱新觉罗皇家的血统里再次流有叶赫那拉家族的血脉，更主要的是可利用自己侄女监督控制光绪帝。皇后是慈禧安插在光绪帝身边的耳目、间谍，慈禧的这番苦心还真是没有白费。皇后在光绪帝身边始终执行着慈禧的指示：珍妃在宫中不守规矩的行为、卖官接受贿赂和支持光绪帝变法等行动都一一及时

孝定景皇后

地送到了慈禧那里。当然，用毫无政治远见的孝定景皇后的眼光来看，她所做的这一切没有超出她应管的职权范围，听姑姑的话，孝顺姑姑，也是孝忠自己的婆婆——慈禧。但这一切所产生的后果则是对光绪帝和珍妃的极强打击。

从某种角度来说，叶赫那拉氏家族的名声显赫，是慈禧用权力为家族争来的，其家族的荣耀是踩在爱新觉罗家族肩膀上获得的。孝定景皇后在慈禧与光绪帝权力之争中是被利用的一个牺牲品，她本可以生活得很好，甚至是美满，但在慈禧的安排下，其命运却变得不幸，最终发展成她个人的悲剧。

光绪帝是慈禧政治上的对头，这一点从戊戌变法一事上显得尤为突出。而珍妃作为光绪帝政治上的最大支持者和精神上的支柱，自然也就被推到了慈禧的对立面，成了慈禧的眼中针、肉中刺。

慈禧对珍妃不仅在政治上加以迫害，在精神上加以折磨，还在其肉体上直接下毒手。据光绪二十年（1894）十月二十八日的清宫太医院脉案记载，太医张仲元给珍妃看病后是这样描写珍妃病情的：六脉沉浮不见……抽搐气闭，牙关紧急，周身筋脉颤动；十一月初一子刻，抽搐又作，牙关紧闭，人事不省，周身筋脉颤动；亥刻，抽搐见止，仍觉筋惕肉颤……周身筋脉疼痛。

从记载来看，这是典型的被杖打的症状，表明珍妃遭到了肉体上的责打。

《宫女谈往录》中有这样的描述：宫女一般是不许打脸的。大概因为脸是女人的本钱，女人一生荣华富贵多半在脸上。掌嘴是太监常见的事，可在宫女就不许，除非做出下贱的事来。老太后让隆裕主子打珍小主嘴巴，那是给珍小主最大的羞辱，连下等奴才都不如（宫里称皇后叫"主子"，称妃子叫"小主"）。宫女对宫女谁也不许打脸，掌事儿的知道了，对总管太监一说，就免不了挨训斥。每个宫里都有一个执家法的老太监，也允许宫女去诉苦。不过谁也不去惹事。俗话说，"打人不打脸"，宫里严格遵守这条规则。

从宫女的述说中可以得知，当时皇后动手打了珍妃的嘴巴。作为皇后亲自动手打皇帝的妃嫔，这是前所未有的事情，这在大清国恐怕还是第一次，也许这种事情只有慈禧和她的侄女才做得出来。

光绪帝由于变法，被慈禧囚禁于中南海的瀛台。由于珍妃支持光绪帝的戊戌变法，于光绪二十四年（1898）八月，被打入了冷宫。自此，珍妃到死也未能见到她最爱的夫君一面。

至于珍妃的死，许多人都有详细记述。虽然说法互有出入，但珍妃是被慈禧逼死井中却是一致的。在这些说法中，清宫老太监唐冠卿的说法还是比较可信的。他是这样说的：

……少顷，闻珍妃至，请安毕，并祝老祖宗吉祥。后曰："现在还成话么，义和拳捣乱，洋人进京，怎么办呢？"继语音渐微，唧唧莫辨，忽闻大声曰："我们娘们儿跳井吧！"妃哭求恩典，且云未犯重大罪名。后曰："不管有无罪名，难道留我们遭洋人毒手么？你先下去，我也下去。"妃叩首哀恳。旋闻后呼玉贵。贵谓妃曰："请主儿遵旨吧！"妃曰："汝何亦逼我耶！"贵曰："主儿下去，我还下去呢！"妃怒曰："汝不配！"予聆至此，已木立神痴，不知所措。忽闻后疾呼曰："把她扔下去吧！"遂有挣扭之声，继而砰然一响，想妃已坠井矣。斯时光绪帝居养心殿，尚未知之也。

据说，后来崔玉贵在与市井之人闲谈中也曾谈到珍妃之死，他说：

那时，八国联军快要打到北京，慈禧等人已经化好妆准备出逃，临走时把珍妃叫到跟前。慈禧对她说："鬼子快要来了，你太年轻，留在这里诸多不便，你要明白我的意思，自己想个办法。珍妃明白慈禧要她自尽，就求慈禧饶她一命，她还转过头来央求李莲（连）英救她。慈禧急了，就对崔玉贵说：你还不下手？赶快抱着她扔到井里去！说到这里，崔玉贵解释说：珍妃怎么也是个主子，我能抱她吗？于是就上去把珍妃推到井里，下井前珍妃挣扎了一番，最后头冲下，倒栽下去。

以上讲述的是珍妃是如何被慈禧害死的情节。其所述情节基本差不多，都说是慈禧直接害死了珍妃，没有慈禧，珍妃是不会掉到井里死的。

关于珍妃死因，溥仪在《我的前半生》中这样写道：西太后就是这样的一个人，凡是她感到对自己有一丝一毫不安全的地方，她都要仔细加以考虑和果断处理，她在庚子逃亡之前，还不忘叫人把珍妃推到井里淹死，又何尝不是怕留下后患而下的毒手？维护自己的统治，才是她考虑一切的根据。

慈禧恨珍妃，主要原因是政治上的观点不同，珍妃经常与慈禧顶嘴；其次是珍妃也确实让慈禧抓住了一些有违大清祖制家法的把柄，如开照相馆、贿赂卖官等。还有，慈禧的侄女在背后也常常添油加醋，让彼此的关系更僵。

在美国人A·W·恒慕义主编的《清代名人传略·载湉传》中对珍妃死前有如下一段描述：

在8月14日（公历）凌晨，孝钦在得到外国军队即将进入首都的报告后准备出逃，但她不想把载湉（光绪）留下。

载湉爱宠的珍妃鼓足勇气建议皇帝应该留在北京进行和平谈判……孝钦竟下令把她推入井中……然而他若设法留在北京，便能重新掌权……也许这才是珍妃死亡的真正原因和结果。

总之，无论怎么说，珍妃是被慈禧害死的这一点是肯定的，没有慈禧，珍妃是不会死的。

光绪帝：病死？他杀？

载湉进入皇宫当了皇帝以后，不仅失去了父爱、母爱，还失去了他一生的幸福。难怪他的父亲醇亲王奕譞在听到慈禧宣布自己儿子为新皇帝时，除了碰头痛哭，还昏倒在地上。因为他太了解慈禧了，深知儿子进入皇宫就等于落入了魔掌，必死无疑了。

光绪帝四岁入宫至十七岁亲政前是一个相对比较自由的孩子。光绪帝在幼小的时候，慈禧就要求还是小孩子的载湉称她为"亲爸爸"。在宫廷里居住过两年的德龄女士在《清宫二年记》中写道："皇帝及余等皆呼太后以男称。她曾亲耳听到，光绪皇帝每次向太后请安时都要说'亲爸爸吉祥'！"

光绪帝为什么不按满洲习惯称慈禧为"额娘"，而偏偏称之为"爸爸"，并且强调一个"亲"字呢？

笔者曾请教过东陵满族旗人中的一些老人，他们会俗称自己的母亲为"奶"，称奶奶为"太"，称伯父、叔父为"大爹""二爹"，称嫂子为"姐"，而上年纪的人称自己爸爸为"阿玛"。

年轻时的光绪帝

清东陵的满族人是当年看守皇陵八旗人的后裔,他们以家族的形式,世世代代繁衍生息在东陵,给某一个皇帝、皇后或妃子的坟墓当差,这种关系延续了数百年不间断。因此他们不仅有自己的文字和语言,称谓上也与汉族不同。

因此,笔者认为光绪帝称慈禧"亲爸爸"是一种心理感情和政治的需要。中国封建社会从孔子的"惟女子与小人为难养也"开始,轻视女子的思想一直传袭,女子只能作为男子的附庸。在中国传统的"宗法制""家长制"的影响下,人们对男子的权力是尊崇的,天下最尊崇的男人是皇帝,称皇帝的话是"金口玉言"。同治帝载淳为慈禧亲生,而光绪皇帝载湉却是慈禧的亲妹妹所生。慈禧曾说:"光绪皇帝的父亲就是醇王,他的母亲,是我的妹妹,我妹妹的儿子,就跟我亲生的一样。"让天下最尊贵的男人称自己"亲爸爸",这无疑是在告诫光绪帝:你要老老实实地听我的话。我不仅是你的长辈,更是你心目中爸爸一样地位的人。同时也向天下臣民表明她的地位高于皇帝,是大清国天经地义的统治者,她的权力是至高无上的。

光绪帝可以说是清朝皇帝中最悲惨的一位了。尽管他做了三十四年的皇帝,在位时间之长在清帝中位居第三位,但他只不过是慈禧手中的一个棋子,是一个悲剧人物。他的政治生涯可以分为三个阶段,第一段是皇太后垂帘听政时期;第二段是皇帝大婚后的亲政时期;第三阶段是戊戌变法失败后的囚禁时期。最终令人感到惊奇的是三十八岁的光绪帝竟然死在年已七十四岁的慈禧之前,两人的死亡时间相差不足二十个小时。一个国家的两个顶尖人物接连去世,这在清朝历史上是前所未有的。又因为生前母子二人的关系是那样的对立和微妙,并且死亡时间又如此接近,所以人们对于光绪帝的死因众说纷纭,产生了很大的怀疑,大都认为光绪帝是被人谋害致死的。其说法有四种:

一、**慈禧害死说**。《清稗类钞》等书中认为,慈禧在病危期间,唯恐自己死后光绪帝重新执政,推翻她制造的一系列冤案,于是将光绪帝害死。

《清末民初云烟录》中记载了一位曾经给光绪治病的名医的说法:

> 清末湖北名医吕用宾曾追述一件有关的事。据吕谈,当时太后视光绪皇帝为眼中钉,而又难以下手,遂以皇帝有病为名,想借医生之手,用误药致帝于死,然后嫁祸于人。但太医善于规避责任,一向用药和平,积习成风,所开药方既不能治好病,也不会治死人,使其无隙可乘。因而,太后就责令各省督抚推荐医生,指望对帝杂以虎狼之药。吕被湖北省保举进京,入宫仔细诊察光绪皇帝并无大病,不过饮食劳伤,拟用轻药调治,而太后不准,说过去太医所开轻药不中用,非开重药不可。在严威之下,吕震恐失次,竟然因此得了咽膈病。

大清皇陵之迷雾中的慈禧陵

186

光绪帝朝服像

清宗室成员的后人——启功先生依据祖辈亲历见闻著有《启功口述历史》一书，他结合自己的文史考证，对于光绪帝的死是这样说的：

西太后得的是痢疾，所以从病危到弥留的时间拉得比较长。候的时间一长，大臣们都有些体力不支，便纷纷坐在台阶上，哪儿哪儿都是，情景非常狼狈。就在宣布西太后临死前，我曾祖父看见一个太监端着一个盖碗从乐寿堂出来，出于职责，就问这个太监端的是什么，太监答道："是老佛爷赏给万岁爷的塌喇。""塌喇"在满语中是酸奶的意思。当时光绪被软禁在中南海的瀛台，之前也从没听说过他有什么急症大病，隆裕皇后也始终在慈禧这边忙活。但送后不久，就由隆裕皇后的太监小德张（张兰德）向太医院正堂宣布光绪皇帝驾崩了。接着这边屋里才哭了起来，表明太后已死，整个乐寿堂跟着哭成一片，在我曾祖父参与主持下举行哀礼。其实，谁也说不清西太后到底是什么时候怎么死的，也许她真的挺到光绪死后，也许早就死了，只是密不发丧，只有等到宣布光绪死后才发丧。这已成了千古疑案。查太医院的任何档案也不会有真实的记载。但光绪帝在死之前，西太后曾亲赐他一碗"塌喇"，确是我曾祖父亲见亲问过的。这显然是一碗毒药。而那位太医院正堂姓张，后来我们家人有病还常请他来看，我们管他叫张大人。

溥仪在《我的前半生》中写道：还有一种说法，是西太后自知病将不起，她不甘心死在光绪前面，所以下了毒手。这也是可能的。

二、李连英害死说。英国人布兰德和白克浩司合著的《慈禧外传》和德龄的《瀛台泣血记》认为，太监李连英等人平日仗着慈禧的权势，经常中伤和愚弄光绪帝，他们害怕慈禧死后光绪帝重新掌政，会清算他们往日的罪孽，所以抢在慈禧死前先把光绪帝害死，以绝后患。德龄在《慈禧恋爱纪实》中这样写道：

光绪的死，外面曾有许多种不同的说法，我现在就打算把真相告诉读者。……光绪关在瀛台的时候，曾经开始写一本日记。将他每日所做的事及他内心的思想都实录下来。不幸其中有一部分不知怎么传了出去，而引起了李莲（连）英的注意。这一部分日记的大意可以归纳成为以下的一段："我现在病得很重，但是我心里觉得老佛爷必定会在我以前死。如果真如此，我必下令斩杀袁世凯与李莲英。"杀死袁世凯与否，当然不是李莲英所关心的。但他的名字也列在该死的人里面，现在老佛爷的春秋已高，随时都有大行的可能，不由得使李莲英有点儿惊慌。……李莲英听得光绪的日记里有这样的文字之后，立即就去报告给老佛爷听。她听了虽然没有发雷霆之怒，却满面浮起了不快的颜色。狡猾的李莲英向太后进谗言道："皇上似乎在想要死在老佛爷之后哩，真想不透他所以这么想的理由！过去他跟袁世凯设计要害老佛爷性命的事，我们还没忘记哩！""李莲英"，太后问，"你以为这是他想谋取我性命的另一次企图吗？"

李莲英奸诈之极,只在脸上掠过一层悲伤的表情,"你的意见如何?"太后问。"若是皇上在老佛爷以前死,那么各方面就都容易办了。"这些著名的太监向来是不主张向皇上或皇后奏得明明白白的,他们所奏谏的往往都是含糊其词,适可而止。听了李莲英的这番话之后,老佛爷便下旨道:"皇上病得很厉害。他过去一直病着,以后他的病也一定不会好。我心里想他的病之所以迟迟不愈,大约是一般侍奉汤药的人不尽职所致。此后还是你去看看吧!"李莲英也用不着再问起他的话了。他立即就将光绪一切饮食医药的事一把都揽了过来。不久以后,光绪就卧床不起。李莲英服侍他之后似乎没有减轻反而加重了他的病。光绪明知道他是逐渐地中毒,可是他却无能为力。……李莲英一直留在光绪的房里,名义上是照顾他,事实上却像个追命鬼,滞留着要抓人……光绪在万分痛楚中死去。

三、袁世凯害死说。 溥仪在《我的前半生》中认为,袁世凯在戊戌变法时辜负了光绪帝的信任,在关键时刻出卖了他,袁担心一旦慈禧死去,光绪帝绝不会轻饶自己,所以借进药的机会暗中下毒,将光绪帝毒死。

康有为也认为光绪帝是袁世凯害死的。他在《讨袁檄文》中写道:近者太后春秋已高,袁世凯毒谋已急,密行重贿,累啖御医。……冬来,后病奄碟,人命危浅。宫车宴杂,不日不时,袁世凯遂铤而走险。力荐学西医者速发毒谋,西药性烈,微剂分进,遂于太后升遐之际,能操旦夕决命之权,天地惨黯,山陵崩坏,风雨号泣,海水怒立,于是我舍身救国之圣主,遂毒弑于逆贼袁世凯之手矣。

四、奕劻害死说。《国闻备乘》中写道:追奕劻荐商部郎中力钧入宫,进利剂,遂腹泻不止。次日钧再入视,上怒目视之,不敢言。钧惧,遂托疾不往。谓恐他日以大逆之名,卖己以谢天下也。

这种说法很不靠谱,支持率很低。

为什么人们深信光绪帝是被害死的呢?原来,这种消息来自皇宫太医院御医的说法。曾经是清宫御医的屈贵庭曾发表文章说,在光绪帝死前三天,他最后一次进宫为皇上看病,发现光绪帝的病情突然恶化,在床上乱滚,大叫肚子疼;没过几天,光绪帝便死了。由此,这位御医认为光绪帝肯定是被人害死的。

清朝官方说法则称光绪帝是正常死亡的。《德宗景皇帝实录》记载:

袁世凯戎装全身像

康有为像

光绪三十四年十月壬申，上不豫。谕内阁：朕钦奉慈禧端佑康颐昭豫庄诚寿恭钦献崇熙皇太后懿旨，醇亲王载沣之子著在宫内教养，并在上书房读书。又谕：朕钦奉皇太后懿旨，醇亲王载沣授为摄政王。

癸酉，上疾增剧。谕内阁：自去年入秋以来，朕躬不豫。当经谕令各省将军督抚保荐良医。旋据直隶、两江、湖广、浙江各督抚先后保送陈秉均、曹元恒、吕用宾、周景涛、杜钟骏、施焕、张鹏年等来京诊视，惟所服方药，迄未见效。近复阴阳两亏，标本兼病，胸满胃逆，腰腿酸疼，饮食减少，转动则气壅欬喘，益以麻冷发热等症，夜不能寐，精神困惫，实难支持，朕心殊深焦虑。著各省将军督抚遴选精通医学之人，无论有无官职，迅速保送来京，听候传诊。如能奏效，当予以不次之赏。其原保之将军督抚并一体加恩，将此通谕知之。

（同日）谕军机大臣等，朝令大典，常服理次，摄政王著在诸王之前。上疾大渐。酉刻，崩于瀛台之涵元殿。

曾经在宫内为慈禧画过肖像的美国女画家卡尔也认为光绪帝是死于疾病。她在《清宫见闻杂记》中说：

光绪之变政失败，实为光绪帝之当头一击。……光绪帝圣躬素不康强，今经此变故，体力遂锐改，旧病大作。于是反对后党之人，信口雌黄，太后将不利于帝，饮以毒药者，而更欲恩于宗室中选一冲动平庸之子，继登大位。废立之说，哗于天下，即外人亦有信之者。既而阅数年后，其说始寝。

夫以太后权力之大，将何事不可为者，鸩死光绪帝，正易事耳。而终未为之，亦可见人言之不足信矣。

《申报》是清朝最开放的媒体，在光绪帝去世前的几个月里，一直密切关注着光绪帝的病情变化，并且连续报道三十多次，多次刊出御医入诊的脉案和药方。较之清宫档案，《申报》的记载似乎更为可信，因为它是公开的报道，为宫廷内外人所共见。从这些报道来看，光绪帝从这一年的六月起，病情日渐加重，虽经多方诊治，却总不见效。在去世前第九日，光绪帝已不再召见军机大臣，用药由庆亲王奕劻和醇亲王奕譞商量，可见病情已十分严重。

法国驻北京使馆医师多德福曾给光绪帝看过病，在经过问、听、化验之后他描述病情说：肺中气音尚无常现症，而运血较乱，脉息数而无力。头痛，胸间虚火，耳鸣头晕，似脚无根，加以恶寒，而腿膝尤甚。自觉指木，腿亦酸痛，体有作痒处，耳亦微聋，目视之力较减。腰疼。至于生行小水之功，其乱独重。一看小水，其色淡白而少，迨用化学将小水分化，内中尚无蛋青一质，而分量减轻，时常小便，频数而少，一日之内于小便相宜，似乎不足。

多德福根据诊断认为，光绪帝病原为"败腰"，应治疗的方案为："养身善法，总之莫善于惟日食人乳或牛乳矣，他物均不宜入口。每日约食六斤左右，而食牛乳时，应加入辣格多思（奶糖）一两五钱，如此食乳须数月。若以药而论，则用外洋地黄末，实属有功。腰疼，干擦可安痛楚。西洋有吸气罐，用之成效亦然。"

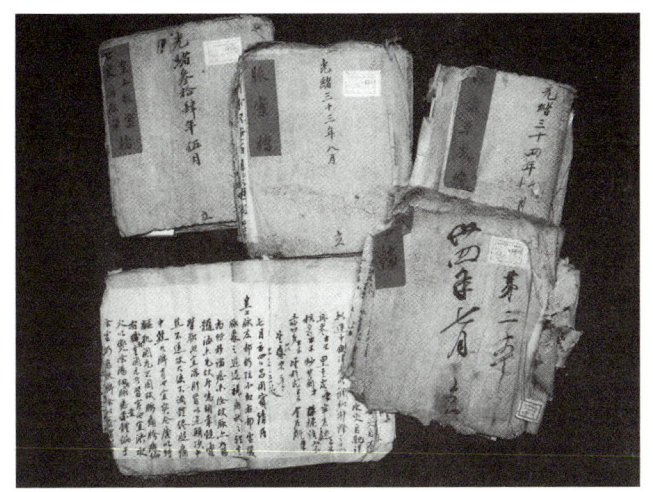

光绪帝部分脉案

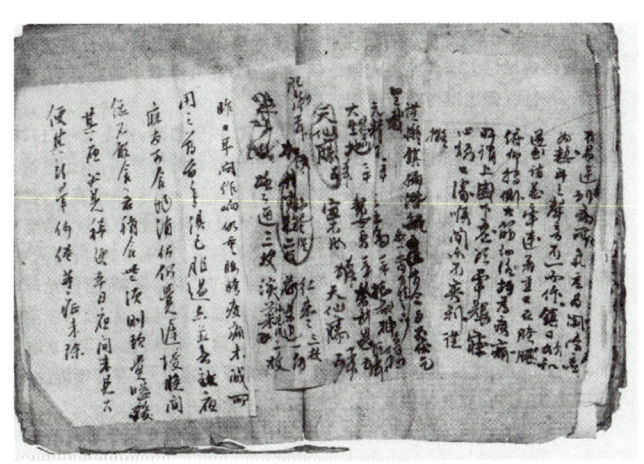

光绪帝自述病原的秘档

对于光绪帝的遗精症,多德福认为:"宜先设法治腰,然后止遗精。"多德福对医治好光绪帝的病很有信心。他表示,如果按照他说的这种方法治疗,光绪帝完全可以康复。

一些历史专家、学者对清宫档案光绪帝《脉案》分析后认为,光绪帝属于正常病死。

那么，光绪帝究竟是怎么死的呢？

1980年6月，清西陵打开了光绪帝的崇陵地宫，对棺椁进行了保护性的清理，并特意将光绪帝和孝定景皇后的头发和部分光绪帝的遗骨留出来一小部分作为日后的科学检测之用。

2003年，国家清史纂修工程重大学术问题研究专项课题小组将光绪帝死因列为研究项目，利用科技刑侦手段历经五年的检验、分析、研究，2008年11月2日，国家清史编纂委员会等单位在北京正式宣布研究结果：光绪帝死于砷中毒，即人们常说的砒霜中毒。

这个结果就是告诉人们：光绪帝是被人害死的。对于害死光绪帝的凶手，人们不难猜测：究竟有谁恨光绪帝而非要治其于死地呢？在当时的大清国究竟谁有这个能力和机会呢？不言而喻，答案只有一个，那就是慈禧。当然这只是笔者的个人观点。

慈禧生前作威作福，死后依然享乐。然而天网恢恢，疏而不漏。在慈禧撒手人寰二十年后，她的陵寝惨遭盗掘，她的尸体被抛了出来，扒光了上衣，赤裸地躺在棺椁盖上，这是她做梦都不会想到的，有人胆敢对她做出如此罪大恶极、"大逆不道"之事。

第七章
风声、雨声、脚步声

大清皇帝的祖坟被人盗掘了,逊帝溥仪除了几声干号、几滴眼泪,将祖宗遗骨重新安葬,剩下的就是留下众多的当年事件的记载。在清皇室和社会各界风声大、雷声也大的强烈谴责声中,一场没有结局的军事审判,在沉默中渐行渐远了……

两份珍贵的日记

大清皇陵惨遭盗掘,抛棺扬尸,居住在天津张园的溥仪除了向当时的国民政府表示强烈的抗议外,决定成立"详查筹办东陵被盗善后事宜小组",负责调查和重殓帝后尸体等事宜。

1928年8月18日,小组成员从北平出发,第二天下午到达东陵,住在裕大圈前员外郎和仲平家里。

当天,他们就查看了被盗后的东陵。并在陵区内拾到了一些被遗弃的遗骨和地宫陪葬物品。经过紧张筹备,他们终于敲定了清理慈禧陵地宫的具体方案。

1928年8月24日下午1点,载泽、恒煦、溥忻、溥侗、宝熙、

慈禧陵前景（老照片）

　　耆龄等人来到慈禧陵，仆从们携黄绸包裹两个，里面是一些黄缎被褥、殓服、藏香、冥纸等物，所有人都换上了夹棉衣服，点亮了手灯、洋蜡，他们走进了慈禧陵方城隧道券，顺着被盗开的洞口来到了地宫金刚墙前。在金刚墙的中部有一个长约三尺，高约一尺多的洞口。众人像蛇一样从这个小方口爬了进去。穿过地宫隧道券，经过两道石门，来到地宫金券。

　　金券内堆满了废弃的棉花、灯草及霉烂的被褥等物品，这些都是从慈禧棺椁内抛弃出来的，地宫中散发着一股令人窒息的气味。

　　慈禧棺椁的外椁已劈毁。内棺一头在棺床下，一头在棺床上。椁盖抛在了金券的西北角上，在这仰置的棺盖上，有一薄板，掀开一看，慈禧的尸体趴在那里，脸朝下，头朝北，脚朝南，左手搭在后背上,头发青黑,散而不乱,发根仍有红头绳扎着。慈禧上身赤裸,附体之衣被扒光,白皮贴骨,身上呈现出拳头大小的斑痕数点,似青似褐,遍体生有白毛,长近一寸。这是因为

重殓慈禧尸体时,在慈禧陵地宫发现的慈禧棺椁的外椁及里面的破碎物品(老照片)

慈禧的尸体已被抛出棺外一个多月的时间,地宫内潮湿,天气又蒸热,故而尸体发霉,长出白毛。慈禧下身穿着裤子,色泽已辨别不清,右脚上穿着白绫袜,左脚上的袜子已脱,抛在身体的左边。

员外郎和仲平率领圈里的旗人妇女十余人参与慈禧尸体的重殓。旗人妇差用黄绸紧束慈禧尸身,再用黄缎被贴着椁盖边,掀动椁盖使尸身缓缓转过身来,

扔到椁盖上的慈禧遗骸
(提供 李宏杰)

这样,慈禧的尸体就被翻到了黄缎被上。只见慈禧面色灰白,两目无珠,深陷为两个坑,其颧骨隆高,就和生前一样。唇部有伤痕,应该是盗匪从口中抠取所含宝珠时伤害的。慈禧的朱漆填金内棺完好,没有被破坏,妇差们将棺内外擦拭干净,在如意板(抬尸体的木板)上铺上黄缎褥,将慈禧尸体抬起,放进棺内,然后又在慈禧的尸体上盖上了一层黄绸被,并将棺内收拾得干干净净、

整整齐齐的。他们把从地宫里捡到的慈禧生前脱落下来的牙齿和剪下来的指甲,用绸布包好,放在黄缎被上。载泽将慈禧死时所颁赏的两件慈禧遗念衣服献上,放置在黄缎被上。慈禧的红漆内棺,盖口原有榫,这次在众人的监视之下盖好棺盖,用漆封住棺口,并涂以金漆,力图与原棺上所画金万字成为一体。

在清理地宫时,拣到十四粒珍珠,用锤砸碎,将珍珠粉放于石床上。这是因为怕有人想以假珍珠置换出真珍珠,故将其当众粉碎,以杜绝这些人的非分之念。这次清理出来的一些其他物品,如慈禧入葬时所穿的珍珠鞋、陀罗经被、已损坏的檀香册宝经过晾晒,再次放进地宫。

参加这次慈禧尸体重殓的人,除了清皇室派来的"善后清理小组"成员,还有国民政府及文化会派来调查盗陵案的人,其中有刘人瑞、哈鲁衡、谭肖岩、罗蕻、王占元、杜孝穆、齐尚贤、徐鸿宝、常维钧、吴某等。整个重殓清理地宫的过程不到四个小时。

对于东陵的惨状和清理慈禧尸体的过程,"详查筹办东陵被盗善后事宜小组"重要成员之一的徐榕生(也叫"徐埴")在《东陵于役日记》①中有比较详细地记录:

(七月)初五日早七钟启行,辰刻过蓟州,巳抵马伸桥,军队亦多。午间埴(即徐埴,下同——笔者注)所乘之车轴损折,修毕,行未数里,联厚山之车轮又坏。涉淋河,又名梨河,至石门遇雨,道极难行。午后过昭西陵,入圈墙界,

---

① 笔者注:笔记中有一些白字、错字,为尊重原作,此次未改,请读者注意和谅解。

慈禧陵隆恩殿内的暖阁及明柱上复原的盘龙

1928年国民政府调查慈禧陵方城明楼被盗

第七章 风声、雨声、脚步声

慈禧陵地宫墓道留有军用镐（拍摄 1928年）

界内旧有乔松巨柏百万余株，参天蔽日，今则戕伐已尽，彼黍离离，拱把之木亦无之矣。大牌楼破坏尤甚，石象（像）生亦均残毁。三钟至裕陵大圈。主内务府和钧（和仲平）家，即同派帮办者也。饭后随泽公、忻贝子，耆、宝、陈三大臣，先谒裕陵。察看被盗情形极重，乃自琉璃影壁穴地而下，宽丈余，深至二丈余。闻和仲平云，贼乃自此縋下，蛇形而入，贼去后月余，所司者闻泽公将来，始以砖石乱抛填塞覆以巨石，地宫内之水，多系雨水，由此穴灌入者。又谓菩陀峪定东陵，乃自宝城券前穴地而下，地面情形与裕陵相仿。两陵飨殿破坏不堪，门窗及金属之物，皆被窃去，而髹漆如新，曾几何时，而残毁至此，令人不禁痛哭也。和仲平又出孝钦显皇后葬服黄龙袍一件，乃贼遗弃为村民拾得，和仲平以洋八元买回者。袍上凡龙目及佛字上本皆有珠,已被拆去,察其线痕,珠不甚大,亦不多。又有香册一页,上有今上御名;又由和君交出黄木匣一,内贮骨凡四,一系肋骨,一系膝骨,二系趾骨,云系在裕陵内拾得者,各堂当即敬谨保存。本日下午雨甚大,是日添派和琨、和珣随同办事,二人亦和钧之弟也。

初六日　晴。午随泽公各堂谒孝陵、孝东陵、景陵、景妃园寝、双妃园寝,残毁情形大致相同,孝陵、景陵、双妃园寝均完好未动,所司者尚得力也。孝东陵宝城亦无掘痕,惟陵前端顺恭敬妃二穴有发掘痕迹。据守护人云,事在裕陵被盗之前,幸均未掘透,即察觉而罢。景妃园寝温僖妃穴前石阶亦有移动之迹,据云,亦在盗前被掘,因遇水未入。各堂议定先开视裕陵掘处,晚与工头李姓言定明日兴工。

初七日　晨微雨,极凉。黎明即到裕陵隆恩门,候匠人到齐,点名后每人发给白布符号一枚,以便稽查。监视开挖裕陵隧道,由泥土中检出破碎衣物甚多,又检得脊骨一段,胸前骨一段,色皆黑。又拾得清文香册一页,交泽公、忻贝子阅看,乃普陀峪定东陵之物,不知何以在此,想是贼人由定东陵携来遗弃者,其扰攘纷乱可知。忻贝子、耆少保之随从行李,因车坏与众相失,行至苇子峪外霸王庄,为人劫去,各人皆彷徨无计。同事某君遣人往索,傍晚居然索回,不失一物,某君之能力亦可见矣。在裕陵明楼下支搭人字席棚,高不及五尺,填自此始,每日宿值其中。夜尚不寒,而蚊蚋扰人,不胜其苦,忆瓯北诗云:"一蚊已扰通宵睡,宵小由来不在多。"况纷至沓来耶?

初八日　早晴。仍在裕陵监工，午间隧道已通。埴携志叔壬至石门察看，见门内水深四尺余，即向各堂报告。是日，各堂谒昭西陵、惠陵、惠妃园寝，归后即来隧道内勘视，均梯而下。埴用笸箩浮水上乘之而入，笸箩虽不沉，惜其漏水，埴衣裤皆湿。至二道石门，因门未大启，笸箩不能入，望见门内水面浮烂木及各物甚多，遥望三层门亦启一缝，内则看不清矣。其中阴寒彻骨，埴下身浸水中，不禁寒栗。晚雨甚大，各堂官集议撤水之法，迄无善策，拟借大库撤水机一试，原定俟裕陵事毕再开定东陵隧道，现以裕陵有水，恐误时日，改为两陵一并动工，遂议定拆开菩陀峪定东陵隧道，倘或无水，可以先殓。是日闻各陵残毁情形以昭西陵为最甚，惠陵次之，幸宝城均完好。惠妃园寝乃春间被盗后新砌者，亦幸无恙。各陵残毁，土人皆取金木之属，不似匪兵发掘裕陵、定东陵之酷也。调查各陵残毁另有清单附后，兹不具录。是夜改在菩陀峪明楼下宿值。

初九日　夜时雨时止，晨撤水机取到，试之尚能用。是日奉堂谕：令恩君勋和君琳监视裕陵撤水；埴偕叔壬监视定东陵拆工；并轮流常到裕陵察看。夜半定东陵隧道拆通，前闻定东陵内匪兵因争抢宝物，自相残杀，曾死两兵官，尸尚在内。埴于夜半隧道拆通，因欲知地宫内真象，不及候天明，一手持灯，孤身由匪兵所拆之穴匍匐蛇行入内。见梓宫欹于石床之前，一端在床上，一端在床下，外椁已劈毁，孝钦显皇后玉体在仰置之椁盖中，上有破坏椁板覆之，因各堂未来，不敢擅动。在地宫内察看一周，见无水，亦无死兵，或曰当

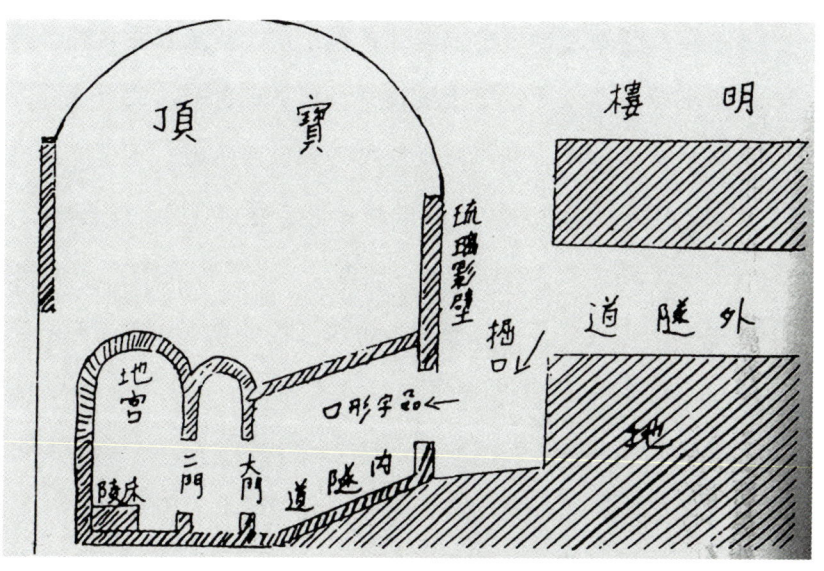

慈禧陵地宫盗口草图

时已由匪兵晓曳出埋之野外矣。是日裕陵撤水，竭一日力，已减尺余。午间在地宫内拾得绣花鞋一双，上有缀珠之线，珠已拆去。是夜仍在菩陀峪明楼下宿值。

初十日　早晴。向各堂报告菩陀裕地宫内情形。午随各堂到菩陀峪地宫隧道，埴与叔壬先下，为之导引，仍由券门下盗发之穴匍匐以进。先至西北隅仰置之椁盖前，启上覆破坏椁板，则孝钦显皇后玉体偃伏于内，左手反搭于背上，头发散乱，上身无衣，下身有裤有袜，一足袜已将脱，遍身已发霉，均生白毛，盖盗发之日为五月十七日，盗去为五月二十四日，至今暴露于梓宫外者四十余日，可惨也。即传妇人差八人，覆以黄绸，移未毁朱棺于石床，然后以黄被褥裹之，缓缓转正。面上白毛已满，两目深陷，成两黑洞，唇下似有破残之痕。又覆以黄缎衾，藉以黄缎褥，殓于原旧朱棺之内，并用泽公所藏前颁遗念衣二件，覆于衾上。又在棺内外检得当日殉殓已落之牙，剪下之指甲，用黄绸包好，放于衾外，所拾珍珠十四粒，锤碎藏之金棺之侧。当殓时，各堂皆敬谨监视，同人亦助抬扶。掩棺后饬匠用漆封口完固，以金贴之，自始事至葳事，不及四小时。随入参观者：哈鲁衡、谭肖岩、罗戢、王占元（晋军营长，山西人）、杜孝穆、齐尚贤、徐鸿宝、常维钧、吴某，皆国民政府及文化会派来之调查之人也。先是泽公及各堂在天津奉谕，此次如拾得珠宝，即当众锤碎，仍置地宫内，不必携回天津等语。本日（疑为日前之误）拾得之珠，奉堂谕暂交联厚山保存，有拟以伪珠易之者，为厚山所拒，彼衔之刺骨，遂伪造侵吞公款之谣，可见认真办事之难矣。是日裕陵之水撤出甚多，余者仅在二尺以上。仍在菩陀峪宿值。

十一日　晴。在菩陀峪监工。各堂往谒裕陵、定陵、普祥峪定东陵、裕妃园寝，又来菩陀峪定东陵视察梓宫封口贴金及扫除等工。又将前买回之龙袍及香册十页、香宝一方，均用黄袱包好，安于册宝石案之上，随即撤出工匠，掩闭头层石门，第二层石门门轴有损坏不稳情形，故未掩闭，饬工匠填塞隧道。又由地宫扫出之香末内检出珍珠二粒，奉堂谕锤碎，当眼同和钧及裕陵郎中博尔庄武锤碎，置隧道石门之外（因石门已封闭故也）。饬匠修砌普祥峪定东陵明楼内北砖墙有凿毁之痕，宝城上金刚墙南北亦有掘毁之处，并匠修补裕妃、定妃两园寝残破之处。是日裕陵所余之水约深二尺，因菩陀峪石门已闭，仍回裕陵明楼下宿值。

为了给后世之人留有一份资料，驻守东陵办事处秘书长郝省吾当时也写了一份慈禧陵地宫视察的笔记：

　　八月二十四日（即阴历七月初十日），是日晴，九点起。因慈禧寝宫业于今晨挖通，午后将从新棺殓。十二点余随杜公乘汽车往，沿途禾稼青葱，行将刈获，村农忙作，无复山陵景象。一点抵定东陵之普陀峪（定东陵有二，左为普祥峪，为慈安之陵），下车徒步，睹夫宫垣倾圮，窗牖缺残，碎瓦零砖，蓬蒿夹道，怅然回溯，不胜黍离麦秀之感。至飨殿前，明柱上昔日装潢之金龙煞费巧思，均已不翼而飞。蝠粪鸽翎，灰泥狼藉。进第二道琉璃门，石镂之阶陛、五供、炉鼎等物，亦咸破碎。复循石级至明楼下，油漆红门倒弃一旁；巨块博石，堆置阶左（即丹墀挖掘之物）。则有徐榕生正在监视工匠操作，走出寒暄，周旋数语。又进数武，见丹墀下地砖挖开，陷丈余之深坑，坑之北面，拆露一洞，圆径约二尺许，内通寝宫之隧道，另树一木柱支持（闻系匪人挖掘时惧由上倒塌之故）。光线黑暗，窥视不清，想见匪人开始挖掘时，思想精微，了如指掌，否则事非数人之力，时非数日之功，何以敏妙若此，谓非计划成熟，蓄之已久，其孰肯信。独惜其仓促成行，未克填砌如旧，致遗痕迹，及时发觉，斯为蠢汉。抑岂冥冥中英灵不泯，别有为之主宰，使之莫能幸脱，终有生夺其魄之日欤？二时许，天际忽现黑云一角，细雨廉纤，来资点缀。一若天为此无上尊严、不可一世之女皇，统驭亿万民众主政达五十年，身后露置尸骸，表示不忍，亦洒几点伤心之泪者。

无何,泽公、恒公、忻贝子、溥侗、宝熙、耆龄、陈毅诸公手持雨具来,仆从分携黄绸包袱两包,内包黄绸花被褥,以备殓服,并藏香、冥纸等事,于是纷燃手灯洋烛,诸遗老复各改御夹绵,于洞口垫铺绒毯,鱼贯而入,匍匐行进。阴寒袭人,砭人肌肤,历琉璃影壁墙进第二重石门,始达石室。内横约三丈,纵亦两丈有奇。遍地堆弃棉花灯草及霉烂之被褥、冠冕、霞帔、丝绦等物,均已拆毁,秽污难闻。外椁欹斜石床之下,椁盖倒置右边,尸骸则放弃在左方梓木棺盖之上,头北脚南,作俯卧之势,上身袒裸,仅著中衣,色彩已失其真,模糊不易辨认,绫袜一支脱弃身左,尸骸抽缩如婴孩,长不满三尺,短发披散,肉皮贴骨作棕青色,入视诸公靡不嗟叹。彼作俑者,为一时之金钱,演亘古未有之惨剧。蔑弃礼教,破坏古迹,宅心如此残忍。人道观念,历史制度,在在攸关,亟应严缉首犯,根究主使,审明正确,处以极刑,无使一名漏网,庶足以维风化而儆奸邪。审视毕,仍匍匐出。见古物文化保存委员会带来之照相师,在隧道中用电学摄影。洞口外放置珠覆一双,原镶嵌之珠宝,已经拆挖。陀罗经被一迭,丝绣之满文经卷,字画尚隐约可辨。复有毁坏之檀木册宝,仅余两块,正在晾晒。文字无非颂德歌功,曾记其"徽猷普被,直趋有宋之宣仁;祜冒无垠,远迈炎刘之明德"两句。至明楼外,雨已霁。和君仲平引旗妇十余,入内盛殓。余喉干思渴,遂到大门小憩。有守卫之兵士,持茶铛来,进茗少许。旋乘汽车至裕陵,阶藓砌草,颓败一如慈禧之陵。至明楼后,有土工十余,用抽水机抽地宫内之水。宝顶巍峨,较其他各陵,阔几数倍，深亦如之。闻内贮六棺，匪人挖掘时，亦系自丹墀下为之者。询之工人，云水深约五尺，现已抽去三分之二等语。丹墀下深坑内设木梯一架，内通隧道。余手持灯，扶梯而下，匍匐入隧道内（前已塞实，此番系匪人新掘）。水龙机管即安设在第二道石门前，尚有第三道石门，水深没胫，不能前进。闻木屑骨块，随时浮出，二百年之久，想系棺木朽坏，骸骨脱离之故。个中真象，须俟入内躬亲审视，方能了然。且一灯如豆，光线极微，仅模糊辨出汉白玉之石门楼，他则毫无所睹。循梯而上，视时计已五点，遂乘汽车东回峪。

这些翔实的珍贵史料，不仅为人们研究盗陵案的真相提供了可靠的依据，还为人们了解当时东陵地区残破的情景提供了帮助，更为重要的是，也为日后清理慈禧地宫提供了重要的参考资料。

军事法庭：虚张声势

孙殿英随从兵张岐厚等人在青岛被捕的消息，以及所供出的东陵盗案真相，招来民众和清皇室及其族人对国民政府、平津卫戍司令部的各种指责，但阎锡山依然对清皇室和社会各界敷衍了事，拖拖盖盖，含糊其辞，当时的官方函电和报纸的报道，对盗墓部队番号和主犯孙殿英名字均讳莫如深。而此时北平、天津、河北、山东等地又纷纷传出查获东陵珠宝以及巴建功、杨振国及其妻杨赵氏等数名犯罪嫌疑犯人落网的消息。

慈禧棺木外椁（老照片）

　　面对社会各界的呼声和清皇室的压力，阎锡山知道已经不能再坐视不理了。由于盗陵案的主要嫌疑人是现役军官，普通法院不便审理，于是阎锡山不得不考虑组建高等军事法庭审理此案。但东陵盗案，不仅案情复杂，而且涉及的人物更复杂，政府、军界等很多重要人物都或多或少地与此案有关联。为了不让自己深陷其中，阎锡山一面命令平津卫戍司令部参谋长朱绶光从速组织军事法庭，一面电请南京中央政府的意见。

　　根据民国四年三月二十五日公布的《陆军审判条例》的规定：军法会设立审判长一人、审判官四人、法官二人。因为是高等军法会，所审案件具有案情重大的特点，所以审判长必须具备上将身份，审判官需要具备中将身份，法官则要有少将身份。

朱绶光等起初内定天津河北省政府主席商震为审判长，杨杰、冷遹、汪泽民为审判官，电呈国民政府定夺。不久接到复电，令各集团军推选审判官。朱绶光等按复电重新布置，审判长仍为商震，审判官则有变更，改为阮肇昌、邱效举、吴丕柱。对于商震出任审判长，国民政府与各集团军都没有异议，但审判官的人选却还是未定下来。各军事集团都想安插自己的人进去，他们心怀不轨，知道只要一当审判官，必有大量好处可拿。经过一番势力的角逐，最终审判官确定为邱山宁、赵经世、周学海、李竟容；法官定为周仲曾、张柱。

陆军高等军法会于1928年11月29日正式宣布成立。商震受任审判长后，立刻饬令遵化县缉拿盗陵正犯归案，但主犯孙殿英仍不在缉拿范围之内。谭温江被捕获后，一度曾被保释在外，现在又迫于社会压力，被重新收押了起来。

孙殿英的上司第六军团总指挥徐源泉，见谭温江重新被看押了起来，心里发了慌，虽然他在此前声称："盗陵为一事，交替为一事，敝部前请转押谭温江系为交替便利，绝非庇护。如果谭温江有盗陵行为，当然移交法庭办理……假使调查明确谭温江盗墓有据，不待地方法办，余为整饬军纪计，亦难姑容。"可是，他此时不得不将孙殿英上交的所谓剿灭土匪所得赃物上交到法院，以脱干系。赃物清单所列的文物有：

> 金丝镯三对，嵌珠子六颗，宝石二十块，计重三两三钱；

汉玉四块，汉玉环两个，玉石一块，小宝石一块，黄珠子两颗，计重四两二钱；汉玉镯三只，汉玉小环两对，汉玉荷包两个，计重六两九钱；金珠镯子两对，镶大小宝石二十六颗，镶大小珠子十颗。珠花两对，镶宝石六块，小珠无数，计重七两七钱；金镯一对，凤藤镯一对，翡翠四块，宝石花一块，小宝石二块，计重三两五钱；金镯一对，镶珠子十颗，小宝石十七块，又宝石一串，计重十一两二钱；鼻烟壶五个，白玉牌一个，计重七两六钱；金珠宝石镯子四只，计重五两三钱；金珠宝石镯子四只，镶珠子十二颗，宝石十一块，翡翠八块，计重三两四钱；大小珠子一包，计重二两；杂件一包，计重二两。

徐源泉尽管对这些珍宝很是喜爱，但为了保命，只得忍痛割爱，乖乖地交了上去。

社会各界和清皇室不仅强烈要求对盗陵案从快从严处理，还要求准予列席旁听。这可是一个重大而严肃的问题，审判长商震小心谨慎地对外界透露了处理东陵案的三个步骤："第一步调查人证；第二步审问；第三步公判。在一、二步时期，案未侦实，依法应守秘密，即使进行到相当程度，也应酌情披露。"以此推脱，搪塞清皇室与民众的要求。

盗陵案的会审并没有像人们想象的那样如期开庭，直到1929年4月20日，以商震为首的特别高等军法会审才开庭预审。经过断断续续的审理，最后一次预审于6月8日在平津卫戍司令部举行。当日下午3点45分，审判长商震坐到审判长席上，邱山宁、

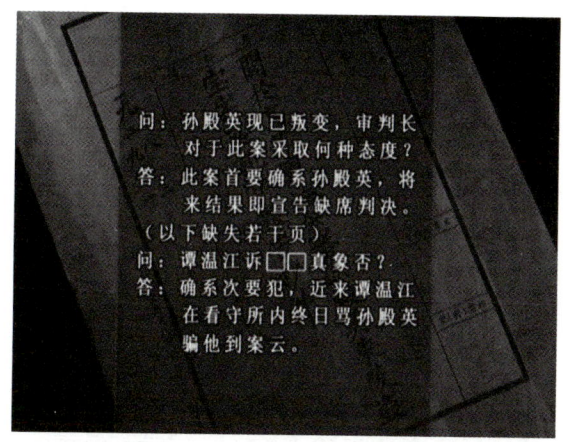

高等军法会审判内容

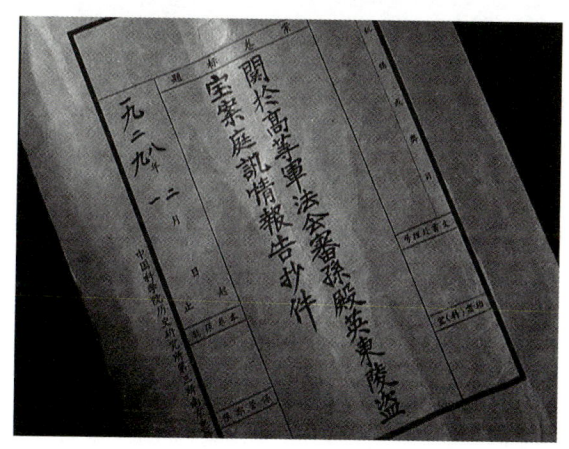

审判东陵盗陵案的卷宗

赵经世、李竟容等人分别坐在他两侧。首先提审的是嫌疑人巴建功，讯问他当时盗掘清东陵陵墓的情形，巴建功都一一招认了。巴建功被带下去后，紧接着张岐厚被带上了法庭，张岐厚供词与上一次一致。张岐厚也被带了下去。

最后提审的是谭温江，讯问他当日指挥部属盗掘东陵以及日后贩卖赃物等情形，谭温江仍想抵赖，说："我早年参加革命，有坚定的革命立场，怎么会干这样的事？一定是你们搞错了，赶快把我放了。"

商震问:"你说你没有盗墓,有什么根据?"

谭温江摆出一副被冤的模样,回答说:"我当时根本就不在遵化。人都不在遵化,又怎么能在那儿指挥盗墓呢?真是无稽之谈。"

商震又问:"你说你不在现场,有谁可以作证呢?"

此时,谭温江还不知道张岐厚等人已被抓获,便说:"孙军长可以作证,我手下的弟兄们也可以作证。"

审判官邱山宁见谭温江不肯承认,便说人证俱在,不容狡辩。于是命令将张岐厚、巴建功再次带上法庭。谭温江一见张、巴二人,顿时说不出话来了。

见到谭温江,张岐厚和巴建功二人便劝说道:"事已至此,不如招了,还可得个宽大处理。"

谭温江一脸怒气,心想坏事了,怎么会有这两个人在这里呢,谭温江还想狡辩。赵经世、李竟容见状,就反复开导他。谭温江终于不再狡辩,低头不语。

预审后,商震、赵经世等人在会客厅商讨此事,让周仲曾、张柱两法官另行起草审判书。起草后,先由赵经世审定。同时约定下星期二再次召开会议,讨论最后判决书,以便呈报军政部请示办法。

散会后,《晨报》记者采访了商震,商震回答记者说:"今日仍属预审,其详情恕未便奉告。惟本日所审者为巴建功、张岐厚人等,巴、张两人极为痛快,不失为自作自受之好汉。全案判决其罪情较重者当依法办理。其次将判决十一年、九年、七年以至月徒刑者,均有之,惟希望法得其平,保障军法独立之精神,下星期二即开谈话会,将判决书审定后,即送军政部请示执行,军法会审之责,届时可告一结束。本案困难之点亦在不少,好在人证齐全,不难执行也。"

1929年6月14日,军事法庭请了六位文物专家检查赃物。专家们对文物进行鉴定,证明许多是乾隆帝、慈禧的葬物,但他们既不愿意为这些赃物估价,也不愿意向外界透露自己的真实姓名。不难理解,这些人是怕为自己引来杀身之祸。据了解,当时的六位文物专家中有马衡①先生。

1929年6月15日下午3时,高等军法会审处召开军法会议。整个会议严禁外人入内。他们决定将全案卷宗派人送到南京。全案共有十八卷,包括六大内容:一、已供录存;二、存查之件;三、证物清卷;四、各处来文;五、原告诉状;六、移交案卷等。此外,尚有所获赃物及其他一切物件,均封锁缜密保存。

在这次高等军法会上,商震等人声称这次所判完全根据军法办事,没有丝毫偏袒纵徇之处。然后,审判官们署名盖章,派人将审判书送往南京。其他物件也于当日盖印,赍送南京,静候军政部军法司宣判执行。

然而,几个月的时间过去了,南京方面对此没有任何答复,之后人们等来的却是中国近代史上有名的中原大战,孙殿英再次被委以重任,看押在北平监狱的谭温江也被释放。善良天真的人们这时候才终于明白,东陵盗案的审判,只是这些人做出来的一个姿态而已,欺骗的只不过是以溥仪为首的清皇室成员和广大民

---

① 马衡(1881—1955),浙江人,我国杰出的金石学家和中国考古学先驱。他于1925年担任故宫博物院古物馆副馆长,1934年任故宫博物院院长,直至1952年离职,为保护故宫文物做出了重大贡献。

众,当官的、掌权的依然我行我素,为非作歹,欺压民众。

面对这样的结果,最失望和不满意的要算是清皇室的溥仪了。溥仪的英文老师庄士敦在《紫禁城的黄昏》一书中写道:"逊帝失望极了。在逊帝看来,国民政府对他侮辱、讪笑、戏弄,甚至以死威吓,没收财产,撕毁优待条件,他都可以忍受,独有盗陵发棺,辱及先人,实在无法无天,忍无可忍的。"

第八章
陵园"探宝"大行动

作为清朝皇家祖坟的清东陵，在清朝受到最高规格的保护，就连看守皇陵的人都是皇帝的亲支近派。看守皇陵的人能享受到国家给予的优厚生活待遇。大清国灭亡了，这些人妻离子散，生活没有了着落。新中国成立后，这些当年的守陵人中依然有一生痴迷保护皇陵的人。为了保护皇陵，国家清理了慈禧陵地宫，也由此揭开了清朝皇后陵地宫的秘密。

执着的守望

清朝皇帝为了保护和管理他的祖陵，都会派王公大臣和军队来保护东陵。护陵官员的职能不同，机构也不同。守护大臣属于皇陵的最高领导，负责皇陵祭祀、管理和防护；八旗和绿营属于保卫机构，负责陵寝的安全防卫；内务府、礼部和工部属于办事和管理机构，负责祭祀、祭品、祭礼和维修。这五种机构的总人数不下万人之多。这些人统称为"守陵人"。

在清朝，守陵人过着十分优厚的生活，他们拿着国家发的俸银，吃着国家发的俸米，住着国家给盖的房子，长年累月在陵上当差，不怕风雨，不怕旱涝，不愁吃，不愁穿，日子过得无忧无虑。

守陵人当时把领银子领米称之为"关银子关米"。同为守陵人，也会因岗位不同而分出贫富来。在东陵地区流传着这样一个顺口溜："穷八旗，富内府，挨打受骂是礼部。"

清朝皇帝为了让这些守陵人更加尽心尽意地保护和管理好自己的祖陵，对高中级守陵官员在俸银上实行双俸制和养廉银制，使他们的收入更为丰厚，同时在生活上给予很优厚的待遇。东陵守护大臣利用雍正帝赐给他们的银两，建立了相当于今天的银行的"筹备库"和"永济库"，开办了永济当。他们用这些银两购买了数百顷地和许多房子，将这些地和房子出租，收取租银，并将租银存入永济库。年复一年，存银越来越多。他们就用这些银两作为守陵人的福利基金。那么，守陵人都享受哪些福利待遇呢？

皇帝赏赐：皇帝每次谒陵或国有重大喜事，赏给护陵的官员、兵丁、差役银两、布匹等。

老人赏：皇帝多次对守陵人中的七十岁、八十岁以上的老人进行赏赐。

红白赏：守陵人家有婚丧嫁娶之事，可以领取赏银。

孤寡养赡赏：对那些孤儿、寡妇、无子女的老人进行赏赐。

关于后两种赏，都有十分详细完备的规定。

为守陵人设立官学和义学，以高薪聘请德才兼优的饱学之士当老师，让守陵人的子弟入学读书。对入学的儿童每月发给衣食补助费，对品学兼优的学生予以奖赏。

守陵人生活的好坏与国家的兴衰有直接的关系。清王朝从乾隆朝晚期开始走下坡路，以后每况愈下。到了道光朝后期，国家经济的不景气还没有影响到守陵人的生活。可是到了咸丰年间就不行了,守陵人的俸饷只能发七成银子,其余那三成改发钞票。由于钞票不能购买货物,所以钞票形同废纸。守陵人的生活开始受到了影响。在咸丰八年(1858)八月曾发生过八旗兵文惠等人闯入衙门闹俸饷的事。朝廷一方面对闹事者进行镇压,一方面采取变通措施,改为银九票一,或银八票二,但这也解决不了根本问题。到了同治六年(1867)俸饷只能发放一半。守陵人的生活出现了严重困难。当时的东陵守护大臣载华在写给皇帝的奏折中忧心忡忡地说:"……米价日增,银价低减,非但兵役不能养赡,即官员亦形艰窘。"载华的话真实地反映了当时守陵人的生活情况。在以后的光绪、宣统两朝近四十年的时间里,守陵人的生活状况不但没有得到改善,反而越来越糟……

民国期间,守陵人的生活则发生了根本性的改变。根据《优待清室条件》第四条规定:"大清皇帝辞位之后,其宗庙、陵寝永远奉祀。中华民国酌设卫兵,妥慎保护。"由于有了这些规定,包括清东陵在内的清朝所有皇陵的各管理机构都保留了下来,还都是原班人马。陵寝祭祀照常进行。守陵人的俸饷和祭祀所用的开支仍由清朝退位小朝廷继续发放。但这种局面没有维持多久,又发生了变化。为什么呢?原来,国民政府没有完全兑现自己的诺言。根据清宫档案记载,除民国元年(1912)按数全部拨给外,自民国二年(1913)到民国八年(1919)这七年中,一般每年只拨给二百多万元,有时只拨一百多万元。过惯了穷奢极欲、花天酒地帝王生活的溥仪小朝廷难以维持他们的需要,于是就靠租房、典当文物来弥补不足。小朝廷的生活都难以维持,拨给陵寝的经费自然就更少了,守陵人的生活陷入了困境。他们不得不另谋生计。经东陵守护大臣镇国公载泽奏请,并得到了溥仪小朝廷批准,将陵寝后龙红桩以内的二百二十五顷四十六亩一分地租给了天丰益铺商,将这项租地钱分给守陵人,作为生活补助资金。又划出七百二十一顷五十亩分给守陵人耕种。由于这些守陵人世代在陵上当差,没有种过地,于是这些守陵人就将分得的地转租给当地的农民耕种。至民国十年(1921)设东陵垦荒局,又开后龙内火道荒地七十多顷、前圈至金星山五十多顷招收民人开垦耕种。昔日神圣不可进入的皇陵禁地变成了老百姓自由出入的场所。

1924年11月5日,溥仪小朝廷被冯玉祥驱出了紫禁城,并废除了原来的优待清室条件。这样,守陵人彻底断绝了生活来源。而这时后龙内已无地可租可种,只剩下前圈内近五十平方公里的树林了。这片树林清王朝苦心经营了二百多年,仅神路两旁和砂山上的成排成行的仪树就有十七万棵。如果算上海树,有数百万棵。这些树绝大部分都是松树,高耸云天,隐天蔽日。每棵树都有一米多粗。陵寝的树木能起到遮挡风沙、调节气候、净化空气、美化环境以壮观瞻的作用,

冯玉祥像

是陵园的重要组成部分,因此历来受到皇帝的高度重视。陵寝内务府设有"树户",专门管理这些树木。可是到了1924年、1925年,直奉军队先后进入东陵,对前圈内的树木大肆砍伐,变卖以充军饷。一些守陵官员、地方百姓也趁火打劫,盗砍陵区内的树木。经过几年的疯狂砍伐,几百万棵树木几乎全被砍光,只剩下东山头上二郎庙内外的几棵弯曲不直的古松。这时的东陵各管理机构已名存实亡,守陵人为了活命,有的逃往外地,有的投亲靠友,有的外出经商,有的务农种地,有的上山当了土匪,可以说是大难临头各自飞,当然其结局也不一样。还有一部分守陵人过惯了以前的寄生生活,好吃懒做,好逸恶劳,既不肯种地经商,又舍不得离家出走,整日坐吃山空,靠卖家产过日子。家产折腾光了,就干起了监守自盗的勾当,偷盗陵上物品,拆卸陵上构件,以倒卖维生。还有一部分守陵官员,尽管他们穷得叮当响,还放不下过去当官时的臭架子,丢不下旗人的生活习惯。平日仍头上戴着花翎帽,身上穿着补服袍,嘴里叨着大烟袋,手里提着鸟笼子,这种人过不了苦日子,最后只好等死。有许多守陵人卖儿卖女,有的沦为娼妓,有的成了乞丐。有的守陵人因卖了房屋,没了家产,无处栖身,全家人只得挤到庙里或本系统的衙门里过夜。由于人多,衙门和庙里挤不下,就宿于村边地头的土坑或窑洞内。当时有人描述这一情景说:"世子王孙倒毙城门洞,郡主命妇坠入烟花院。"

在日伪统治时期,东陵的守陵人惨遭日寇蹂躏,陷入了水深火热之中。东陵一带被划为新成立的兴隆县,在马兰峪设有兴隆办事处(相当于兴隆县政府),计有日本宪兵队、守备队、日本领事馆、警察局、保安队、满洲军、蒙古军、新民会，还建有飞机场；清皇室在马兰峪也设有东陵办事处。真是机关林立，兵如牛毛。当时的马兰峪就像一个小国的首都，麻雀虽小，五脏俱全。守陵人更是灾难深重。满洲军二连连长山口正雄是一个杀人如麻的刽子手，人称"活阎王"，他是日本人，驻在慈禧陵神厨库内。昔日礼部员役宰杀牛羊的省牲亭变成了山口刑讯逼供，残害中国人的杀人场。省牲亭内长期挂着几颗血淋淋的中国人的人头。几天就要换一次。山口欠中国人民的血债太多了，引起了中国人民的极大的愤怒。后来，八路军和地方部队在陵区西面的丈烟台设下了埋伏，用计将山口率领的军队引到那里，一举歼灭了这股匪军，山口这个杀人魔王被当场击毙，得到了应有的下场。

日本不仅对东陵地区进行武力占领，而且还进行文化侵略。千叶弥次郎（简称"千叶"）是日本裕仁天皇的妻侄，是日本帝国主义派驻在东陵地区的文化特务，他的公开身份是东陵地区管理处处长。他在东陵的南大村成立了东陵学院，自任院长，招收中国学员，对他们进行奴化教育，在东陵犯下了不可饶恕的罪行。1944年农历五月初八日我地下工作者乔装潜入马兰峪，将千叶击毙在马兰峪的明盛客栈。

新中国成立后，人人有房住，人人有衣穿，人人有饭吃，人人有地种，守陵人真正成了国家的主人。党和政府一向提倡各民族一律平等，制定了一系列优惠少数民族的政策，满族作为全国五十六个民族之一，享受国家给予的优惠待遇。广大守陵人的政治地位和经济条件发生了翻天覆地的变化。1953年成立了东陵满族乡，1958年改为东陵公社。1984年后，守陵人集中的东陵公社、南新城（原为景陵的八旗兵、礼部和昭西陵的内务府、八旗、礼部营房）公社、营房（裕陵、定陵、惠陵、慈安陵、慈禧陵八旗兵营房）公社改建为东陵满族乡，马兰峪高中改称"马兰峪满族中学"。1985年夏季，唐山市民委邀请北京满族学院教授在东陵举办满文学习班，参加人员有清东陵文物管理处职工、马兰峪各乡镇青年和各中学骨干教师。

广大守陵人为了报答党和政府，以极大的热情，全身心地投入到新中国的建设中去，在各个时期和各条战线上涌现了许多优秀人物，为祖国的繁荣昌盛做出了贡献。

从盗洞口爬进了地宫

如果说明神宗朱翊钧的定陵是中国清理开放的第一座明朝皇陵的话，那么清朝第一座对外开放的皇陵就是乾隆帝的裕陵。裕陵及其地宫是1978年1月29正式对外开放的。尽管当时新华社只发了二三百字的消息，却引起了不小的轰动。前来参观的游人如织，盛况空前。具有丰富文化内涵的裕陵地宫引起了人们的极大兴趣，有力促进了旅游事业的发展，为清朝陵寝研究提供了极为珍贵的实物资料。

在清朝历史人物中，最引人关注的就是"打天下的康熙帝""坐天下的乾隆帝"和"送天下的女人慈禧"。在清东陵，人们看过乾陵帝裕陵之后，自然就会想到看慈禧的陵墓，当人们看到金碧辉煌的阳刻扫金内壁、气势磅礴的金龙盘柱、精雕细刻的玉石栏杆、玲珑剔透的龙凤彩石时，受到极大的震撼。而听过那些关于慈禧的传说故事和慈禧陵墓被盗的惊险传奇之后，人们也迫切希望能看一看慈禧地宫。

其实，当时不仅旅游者有要求，历史研究者也期待，而考古工作者更是在焦灼地等待，人们的呼声反映了清理慈禧地宫的必要性。作为清东陵保护工作的领导者——所长宁玉福，只能顺民意、随民心，开始谋划慈禧陵地宫的清理和开放。这也是清东陵旅游开放进程上的又一个里程碑，更是文物保护的一个重要举措。

清东陵文物保管所（现在称为"清东陵文物管理处"）按照公文程序，依次向河北省文物局、国家文物局写请示报告，要求清理慈禧陵地宫。然而，时间一晃就过去了几个月，请示报告如同石沉大海，杳无音信。人们知道，国家不会这么快就批准这么重要的一件事情，于是耐心地等待时机的到来。

1978年4月的一天，天赐良机。清东陵的"贵人"——国家文物局局长王冶秋来清东陵参观裕陵地宫了。王冶秋批复了二万元地宫清理费之后，就一直没有机会来亲眼看看乾隆帝地宫到底是什么样的。他何尝不想来呀！裕陵开放时正是"文化大革命"刚刚结束的第二年，百废待兴，万事待理。王冶秋局长的再次到来，不仅实现了他参观裕陵地宫的愿望，也推进清理慈禧陵地宫的计划。王冶秋局长认真地听取了所长宁玉福关于清东陵文物保护的工作汇报后，关切地打听下一步的工作计划。曾为开启裕陵地宫立下汗马功劳的谢久增这时候已是副所长，他又将开启慈禧陵地宫的打算一股脑地说了出来。王冶秋局长对这件事很感兴趣，当场表示，可以清理慈禧陵地宫，并作了重要指示。清东陵文物保管所根据王局长的指示作了清理地宫前的周密安排，并按照古遗址发掘规定程序，将清理慈禧地宫的方案上报河北省文物局，然而上报后却还是没有回音。

时间来到了1979年2月上旬，清理慈禧陵地宫的机会又一次到来了。国家文物局文物处处长在河北省文物处处长的陪同下来清东陵视察工作。清东陵文物保管所利用这次难得的机会，当场向国家文物局领导请示。出人意料的是国家文物处长很爽快地说："这件事情王局长不都已经批准了吗，那你们就干吧！"

根据国家文物局和河北省文物局的意见，清东陵成立了"慈禧陵地宫清理小组"，专门负责慈禧陵地宫的开启和清理工作。其主要成员是：

组长：宁玉福所长

副组长：谢久增、李景龙、高福柱（均为领导班子成员）

组员：杨生（钳工）、徐广源（陵寝研究、文物保管）、杜清林（摄影师）、赵生（瓦工）、赵福禄（瓦工）、周大明（木工）、王江（木工）

根据社会调查和对有关史料的研究，得知慈禧陵地宫入口就在方城隧道券内北墙下，非常明确。于是慈禧陵地宫清理小组决定正式清理地宫前先试探性观察一下，视其具体情况再做进一步处理。

1979年2月17日，作为国家考古人员，他们第一次正式走进了慈禧陵地宫。

人们来到方城隧道券北墙下，见墙根下的地面（也就是方城隧道券内的地面）铺的都是巨大的青白石条石，因为这几块条石是后来填堵盗口时铺的，不像地面的其他地方那样平整，条石之间的缝隙也比较大。大家都是有备而来，带了得心应手的工具，如铁撬杆、尖镐、尖钎、大锤等。

　　大家一齐动手，很快就起走了几块铺石。按皇陵工程做法，地面铺石也好，地面铺墁砖块也好，下面都应该是石灰膏，用以粘接稳固铺石、铺砖。可是当人们起走这几块条石后发现，下面没有石灰，都是些乱七八糟的碎砖块和石灰块。这表明当年填堵地宫入口时并没有按正常的施工做法做，而是草草了事。但这种不认真的做法却为这次开启省了许多麻烦。从这里往下挖，都是碎砖、灰块，所以很好挖，没费多大力气。刚挖下1米多的地方，在紧贴北墙下的地方发现了一根竖立的木桩，继续往下挖，在木桩北约30厘米的地方出现了一道石墙，完全用巨大的青白石条石砌成，缝隙严密，墙面非常平整。这道石墙档案中称"挡券墙"，人们习惯称之为"金刚墙"。很快，人们发现，石墙的中部有一个长方形口，一看就知道这是昔日的盗口，当年盗陵匪徒并没有拆掉这道墙，而是抽出了墙体上的一块较小的条石，打开了一个长方形的孔。这个孔只能容一个人出入。盗陵匪徒就是从这个小孔钻进地宫的，无数价值连城的随葬珍宝也是从这个小孔盗走的。溥仪派到东陵重殓慈禧的宗室遗臣也是从这个小孔爬进爬出的。考古工作者也是从这个小孔进入地宫的。

　　有人会问，盗洞口旁那根木桩有什么作用呢？原来，这根木桩支顶着方城隧道券内北墙的底部。因为露出了金刚墙后，方城隧道券内的北墙下就被挖空了，等于这道墙悬了起来。为了防止这道墙下沉坍塌，才支顶了这根木桩。后来为了安全起见，拆除

慈禧陵地宫挡券墙上的盗口

从慈禧陵拆出的地宫挡券墙及地面条石

了这道墙。拆除后露出了另一道墙，墙上有地宫入口处的券脸石。至此人们才明白被拆除的墙是为了遮挡券脸石，相当于皇帝陵哑巴院内的琉璃影壁。

于是，人们从这个小方孔钻进了慈禧陵地宫。在地宫里，人们发现原来慈禧陵的地宫隧道券没有用砖砌实，而是空的，这就无形中为人们的清理开放提供了方便。隧道券内的地面用澄浆砖立墁成坡形。人们沿着隧道券坡状地面向里走了大约10米就到了平地上。

地宫地面用青白石铺墁，迎面是一巨大的石门楼，两扇石门关着，门楼建筑形式和地面上的陵寝门相似。每扇石门上除了雕一个兽面衔环铺首外，全部是光素平面。这次进入地宫，门虚掩着几个人一推门，门就慢慢开了，迎面又是一道石门，距第一道石门只有2米多，这道门没有门楼，上门槛和四个门簪都是铜的，每个门簪上都刻着一幅精美的龙凤呈祥图案，在光线下仍然铜光闪闪。这一点即使是裕陵地宫也无法相比。门楼上面的月光石上雕刻着两组"龙凤呈祥"的图案。推开第二道石门进入金券，一具内棺端端正正地放在须弥座形的石棺床上，棺上的金漆藏文佛经在灯光的照射下熠熠生辉。这具内棺十分完整，破碎的外椁被扔在金券的西北角。椁盖朝上，上面乱堆着许多糟烂的丝织物。

地宫金券西南角的册宝石座[①]上叠放着一件龙袍。东南角的册宝石座上放着一个黄绸包，包着香册和香宝。

---

① 册宝石座：安放墓主人香册、香宝的须弥座形石座。

慈禧陵地宫隧道券南原挡券石位置口

关闭状态下的慈禧陵地宫第二道石门

清理地宫时发现的慈禧棺木外椁（老照片）

慈禧陵地宫内册宝座

地宫里气味难闻，由于这次属于探视，在摄影师杜清林拍摄完地宫清理前的照片后，人们便很快地退出了地宫。

由于慈禧陵要赶在"五一"节前开放，根据地宫里面的实际情

开启清理后的慈禧陵地宫

况，"慈禧陵地宫清理小组"经过开会研究决定做好以下六项工作：

一、慈禧陵地宫和慈安陵地面建筑的清理维修工作必须在"五一"节前完成。此项工作由赵生、赵福禄负责。慈禧内棺待时间充裕时再作清理。

二、慈禧地宫残存文物的清理、收藏。此项工作由徐广源负责。

三、慈禧地宫金刚墙、挡券墙拆除和地宫入口处的整修。此项工作由杨宝田、赵生负责。

四、慈禧的外椁组装修复和地宫入口处的天桥安设。此项工

作由木工周大明负责。

五、慈禧地宫照明设备的安装。此项工作由电工宁志存负责，徐广源协助。

六、慈禧地宫的文字说明。此项工作由徐广源、高福柱负责。

整个地宫的清理工作总指挥是所长宁玉福。

按照具体分工部署，慈禧陵地宫的整体清理工作紧张而有序地进行，经过全体人员的努力工作，终于在4月7日全部完成。

慈禧陵地宫于1979年4月8日正式对游人开放，由此清东陵迎来了第二次旅游高潮。

遗存的文物和保护

这次清理慈禧陵地宫，出土了一些珍贵的文物，这些文物有慈禧的香册、香宝，慈禧死后所穿的寿衣、黄缎堆绒绣荷花枕套、铺绒彩绣荷花褥、彩绣串珠荷花底元宝底鞋残片（寿鞋），陪葬所用的陀罗尼经被等。

下面分别介绍一下：

香册：属于谥册[①]的一种。按清制，清朝皇帝和皇后死后，制作三套谥册、谥宝。什么叫"谥册""谥宝"呢？就是镌刻着上谥号时所念的册文的册页叫"谥册"，镌刻着谥号的印叫"谥宝"。这三套谥册谥宝分别是玉册玉宝、香册香宝和绢册绢宝，各有各的用处。玉册玉宝用来尊藏太庙；香册香宝用来葬入陵寝地宫；

---

① 谥册：指刻有为帝后上谥诏书的简册。

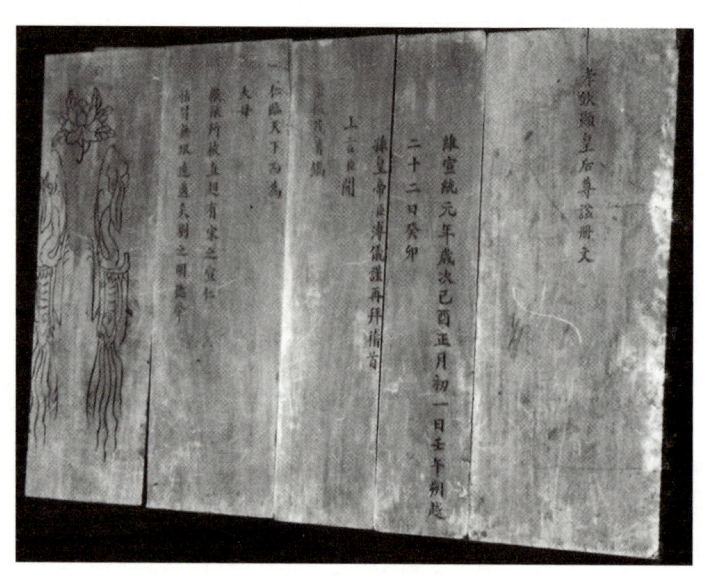

清理慈禧陵地宫时发现的慈禧香册及册文（地宫出土）

绢册绢宝用来在上谥号典礼上恭读，读后焚烧掉。从名称的字面上就知道，玉册玉宝是用玉石制作的；香册香宝是用檀香木制做的；绢册绢宝是用绢布纸之类做的。尽管质地不同，但其形制和文字内容是一样的。

慈禧的香册应该有十页，其首页的一面刻有凤戏牡丹花纹，首页的另一面刻汉字的"孝钦显皇后尊谥册文"，楷书竖写。上面用满、汉两种文字阴刻着宣统帝为慈禧写的册文。现存的慈禧的香册宽窄不等，但长度相同，册页有十块木板，仅能拼成完整的六页，每页长28.5厘米，厚1厘米。这些歌功颂德的文辞全部填青，均出自御前臣工手笔。这是研究清朝丧葬制度最具价值的文物。对于帝后上谥的册文，《清实录》都有全文记载，但唯独没有慈禧的册文，不知何故。

现将慈禧册文抄录如下：

孝钦显皇后尊谥册文

维宣统元年岁次己酉正月初一日壬午朔越二十二日癸卯,孙皇帝臣溥仪谨再拜稽首,上言:

臣闻崇徽茂著,镌瑶筴以扬华;慈范昭垂,奉璃函而纂媺。思名言之莫罄,彰懿矩于无穷。钦惟皇祖妣大行太皇太后,型齐妙讷,圣协庆都。敷上理而赞化参天,致中和而含章应地。披庭垂教,仰宫中之有圣人;海寓归仁,临天下而为大母。徽猷所被,直超有宋之宣仁;怙冒无垠,远迈炎刘之明德。肇熙称而赫濯,允征盛德之符;稽上谥而推崇,难罄前型之媺。镂文纂懿,冀在天灵爽之凭;循实歆名,修告庙肃雍之礼。谨奉册宝,恭上尊谥曰孝钦慈禧端佑康颐昭豫庄诚寿恭钦献崇熙配天兴圣显皇后。於戏!璇宫掩曜,冀陟降之在兹;长乐垂辉,询阐扬之有炜。敢祈昭格,永祚繁昌。谨言。

香宝:地宫金券东南角的册宝石座上的黄绸包里面原来是慈禧地宫被盗后残留下的香册、香宝。香册、香宝均用檀香木制成,装在册宝箱里。

宝,其实就是平时人们常说的"印",因这印是放在地宫里面,用檀香木制成的,故而称"香宝"。香宝上面用满、汉两种文字刻死者的全部谥号。

慈禧垂帘听政后,大权在握,随之印章数量猛增,共有一百二十多方,是清朝后妃中最多的。据清宫档案记载,慈禧刚

慈禧皇太后之宝

"慈禧皇太后之宝"宝文

"皇后之宝"印文

进宫时的封号是"兰贵人",按宫中规定,贵人没有印,也没有册。慈禧后来晋封为懿嫔,有金册而无金印,晋为懿妃时才有金册、金印。懿妃升为懿贵妃时也有金印。贵妃的印称"宝"。所谓的"金印"并非是用纯黄金制成的,咸丰朝以后,大多数是镀金银印。慈禧在加"慈禧"徽号之前,只有两颗标明身份的金印——懿妃金印和懿贵妃宝。

这些象征权力的印章,大致分为三类:有代表权力的"慈禧皇太后之宝",用以发表政令;有代表文权的"慈禧皇太后御笔之宝",用以表示书画属"御笔"。但实际上许多字画并非是慈禧本人的真迹。还有刻有全部谥号代表死后身份的玉宝和香宝,用于存放太庙和地宫。

在慈禧地宫里发现的香宝,长15.8厘米,高13.5厘米,交龙纽,印边残缺,重1.6千克。宝文篆字阳刻,满汉合璧,其宝文为"孝

慈禧皇太后御笔之宝

钦慈禧端佑康颐昭豫庄诚寿恭钦献崇熙配天兴圣显皇后之宝",共计二十七个字。其中"慈禧端佑康颐昭豫庄诚寿恭钦献崇熙"十六个字是慈禧生前的徽号,"慈禧"则是慈禧最初当上皇太后时所用的徽号。"孝钦慈禧端佑康颐昭豫庄诚寿恭钦献崇熙配天兴圣显皇后"为慈禧死后的谥号。

徽号,一般指尊号,即国家遇有大庆的时候,在"皇太后"之前加上赞美的词,一般每次只加两个字。死后选用生前徽号中的几个字,再加上若干字则成为谥号。后代的皇帝也可以再加若干字。徽号没有字数限制。

慈禧香宝（地宫出土）

慈禧香宝宝文（地宫出土）

慈禧地宫册宝箱（复制品）

谥号，即帝王、贵族、官员等死后，根据其生前事迹评定的称号。

皇帝谥号，经历了字数由少到多的过程。清朝皇帝谥号字数，以太祖努尔哈赤最多，加上庙号，共29个字，太祖承天广运圣德神功肇纪立极仁孝睿武端毅钦安弘文定业高皇帝。

清制，皇后谥号，最多不能超过十六个字。其随皇帝配享太庙者，除在谥号中有"×天×圣"字样外，还要在谥号最后加上皇帝的庙谥。所谓"庙谥"，即是皇帝谥号中的最后一字。如太祖谥号中的"高"字、世祖谥号中的"章"字，均为庙谥。而那些不能配享太庙的皇后的谥号中则没有皇帝的庙谥。如世祖的孝献皇后谥号中，既无"×天×圣"字样，也没有世祖的庙谥"章"字，这是清朝皇后中的特例。

清朝沿用中原历代宫廷的旧制，也有上徽号、谥号的做法。慈禧死后要上谥号。大臣们认为慈禧的原有十六个字的徽号正好概括了慈禧的一生，所以原徽号十六个字全部保留。另加"孝钦"和"配天兴圣"六字，再系以咸丰帝的庙谥"显"字，所以，慈禧死后的谥号全称是"孝钦慈禧端佑康颐昭豫庄诚寿恭钦献崇熙配天兴圣显皇后"。

清陵学者徐广源先生认为，慈禧的谥号有以下四个特点：

一是谥号为二十二个字（咸丰帝的庙谥"显"字不记在内），与皇帝最终谥号字数相等。

二是二十二个字一次性加上。正常情况下，皇帝的谥号是由两次才加到二十二个字的，皇太后的谥号是由三次才加到十六个字的，而慈禧的二十二字则是一次性加齐的。

三是谥号中有两个"钦"字,重复,这是谥号中最忌讳的,不应该有的。

四是按惯例,谥号中只能留用生前徽号中的五六个字,而慈禧谥号却将徽号的十六个字全部留用。

因为慈禧的谥号明显违背了祖制,因此当时正在德国考察宪政的大臣于式枚上书朝廷,要求追减慈禧谥号。其奏折引经据典,追古论今,批评慈禧谥号字数多于其他皇后的做法,指出其中的"钦"字重复使用的错误,并阐述了追减慈禧谥号的必要性。其言辞极为诚挚恳切,论证条理清晰,但此意见未被采纳,清廷也未对此给予解释,此事最终不了了之。

寿衣: 人死后穿在身上的衣服,称之为"寿衣"。从地宫里找到了慈禧的三件寿衣。

第一件,雪青缎平金绣团寿夹袍。身长130厘米,通袖长148厘米,腰宽75厘米,下摆115厘米,袍面上平金绣圆形万寿字370多个,字直径5厘米。每个"团寿"上部钉一颗大珠,已被匪徒拆走,寿字上只残存钉珠的丝线。

第二件,绿绉绸平金绣"福"字夹上衣。身长72厘米,通袖长138厘米,

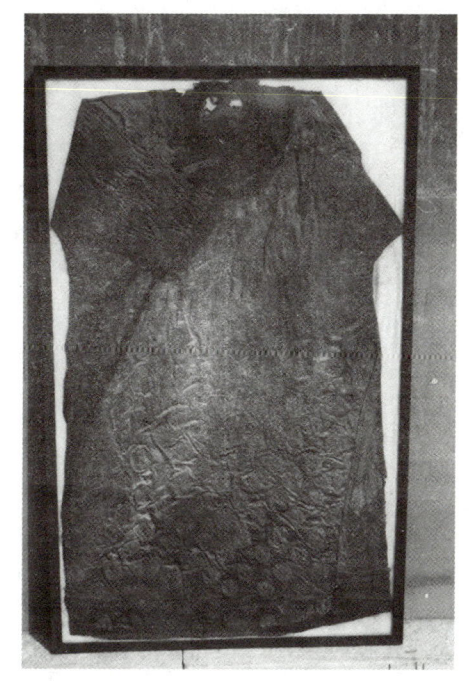

慈禧寿衣:雪青缎平金绣团寿女夹袍

腰宽78厘米，下摆95厘米，袖口宽19厘米。这件上衣共有二百个"福"字，前身七十个，内襟三十七个，后身九十三个，每个"福"字上钉一颗大珍珠。每个福字均为楷体。在领袖花边上还镶满米珠（小粒珍珠），这些珍珠均已无存。

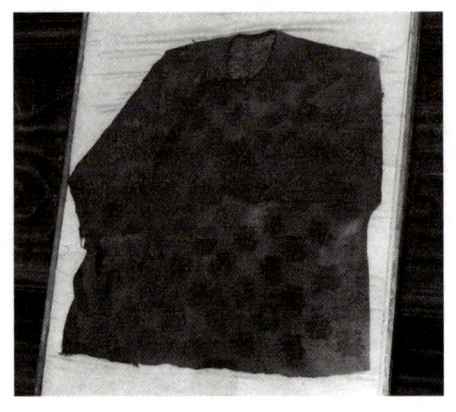

慈禧寿衣：绿绉绸平金绣福字女夹衣

第三件，黄江绸绣五彩五福平金"佛"字女龙袍。身长132厘米，通袖长192厘米，腰宽80厘米，下摆106厘米。这件独特的龙袍，除前胸后背掩襟绣有九条金龙外，还在海水江崖上的彩云、蝙蝠、十二章①及金龙之间，加绣平金手书"佛"字。每个"佛"字为6厘米见方，并各钉一颗大珠，除"佛"字外，还有石青绸的衣领与马蹄袖，所绣的金龙栩栩如生。这件龙袍共钉大珠子一百二十二颗，小珠子上千粒，可惜这些珍珠都已成为盗匪的囊中之物。据故宫织绣研究专家称，清朝只有皇帝的朝服上才有十二章的图案，皇太后、皇后的朝服上是没有十二章的。只是到了清朝的晚期，皇太后、皇后的朝服上才出现了十二章。而

---

① 十二章，是指十二章含义的图案，是中国帝制时代的服饰等级标志。其中日、月、星（寓意普照天下）、山（高可仰，取其仁德）、龙（兴云作雨，取其变化）、华虫（取其文采昭著）称"上六章"；宗彝（古代祭器）、藻（有花纹的草，取其有色彩）、火（取其然）、粉米（五谷之一，可以养人）、黼（斧形）、黻（亞形）称"下六章"。这些文饰象征皇帝是大地的主宰，王权的标志，在思想意识上具有巩固统治阶级皇权的功能。

 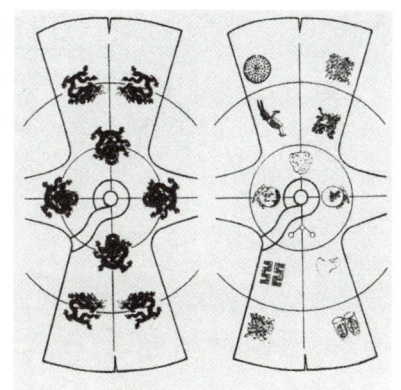

慈禧寿衣：黄江绸绣五彩五福平金佛字女龙袍　　十二章墨线图

且在朝服上绣"佛"字极为少见。因此说慈禧的这件带十二章和佛字的朝服寿衣具有很高的文物价值。

黄缎堆绫绣荷花枕套：明黄色。用堆绫技法作成荷叶、荷花、莲蓬等图案。枕瓤已无。

铺绒彩绣荷花褥：长225厘米、宽150厘米，原铺在慈禧遗体下面，在其上面能明显看出遗体的痕迹。这是盗匪在寻找珠宝时从棺内抛出来丢弃的。

彩绣串珠荷花底元宝底鞋残片（寿鞋）：在地宫中发现的这双鞋虽然是残片，但依然很珍贵。从鞋的大小看，慈禧的脚不是很大，与普通女人的脚差不多大小。鞋的木底已朽烂无存，只剩彩绣荷花鞋面，鞋前钉有红缨穗，鞋后跟有提。鞋底为堆绫绣莲瓣，莲心钉有丝穗。鞋面上所缀珍珠、宝石均已被盗走。根据慈禧的年龄分析，地宫发现的这双鞋是满族女人所常穿的元宝底女鞋。

在清朝，满族妇女一般穿花盆底和元宝底的鞋。鞋底都很高，

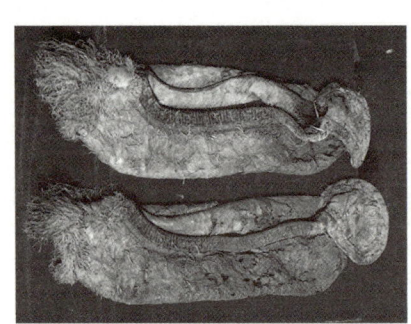

慈禧死后穿的鞋（地宫出土）　　　　铺绒绣荷花褥（地宫出土）

花盆底高于元宝底，花盆底一般为年轻女人穿，元宝底一般为中老年妇女穿。为什么满族妇女要穿这种高底的鞋呢？据说，因为满族人民生活在东北，那里冬季经常下大雪，女人出门时容易把裤脚打湿，为了防止裤脚、鞋面弄湿弄脏，于是就制作了高底鞋。又因为满族妇女不缠足，均为"天足"，穿上这种脚心正中突起的高底鞋，走起路来，飘飘摇摇，另有一种风韵。高鞋底多为木制，外裹白布，也有的在鞋底四周钉饰琉璃珠花。鞋有高低、单棉之分。在清宫遗留下来的"高底鞋"中，其尺码大多在20厘米左右，鞋底高的达14.5厘米，这是年轻妇女穿的，称为"花盆底"；年长妇女穿的鞋底较低，但最低者也有3.5厘米，称为"元宝底"。鞋面多用缎面，多采用绣花、堆绫、钉珠等手法制作。色彩很多，大红、朱红、黄、湖蓝、宝蓝、月白、雪灰、粉绿、黑、褐色等。上面的纹饰则有海棠、玉兰、兰花、萱草、梅花、荷花、灵芝、佛手、桃、蝙蝠、蝴蝶、金鱼、寿字、暗八仙等，这些都代表吉祥、富贵、长寿之意。

1983年5月27日，国家领导人邓小平与彭真、杨尚昆、万里等人在清东陵慈禧陵参观时，曾对这双鞋的残片特别关照过：

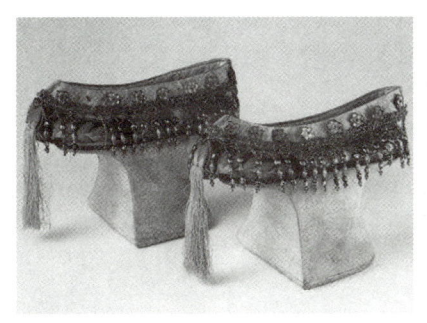
清朝花盆底女鞋

清朝元宝底女鞋

"慈禧那双鞋子十分珍贵，一定要保护好！"

陀罗尼经被：这是专门为覆盖遗体所制成的一种特殊被，上面织有梵文经咒和佛教题材的图案。其规格、颜色和质量，是根据死者的地位而决定的。清制：皇帝、皇后用明黄色，皇贵妃用黄色，贵妃用秋香色，妃嫔用金黄色。上面的纹饰有印的，也有织的，以后者为佳。

在慈禧陵地宫残存的丝织物中，该陀罗尼经被是其中最精致、最有文物价值的，对于研究古代织绣具有很高的历史和艺术价值。如此精美绝伦的经被，如今在世界上已成孤品，堪为国宝级的文物。

慈禧棺椁：慈禧棺椁和清朝其他帝后的形制一样，分为内外两层，里面的那层称"棺"，外面的那层称"椁"，均用楠木制成。清制，皇帝和皇后的外椁刷漆四十九遍，皇贵妃和皇太子的漆三十五遍。贵妃、妃、嫔、贵人、常在、答应、皇子、皇子福晋的均漆十五遍。慈禧棺椁的最外一层是"满扫金"。"扫金"就是将金箔用"金筒子"（特制工具）揉成极细的金粉，然后用羊毛笔将金粉轻轻地扫在涂上金胶油的椁的表面，

慈禧棺椁

薄厚要均匀一致,然后用棉花轻轻揉之,使金粉与金胶油贴实,再将浮金粉扫掉即可。俗语所谓"一贴、三扫、九泥金",意思是说在用金量上,扫金是贴金的三倍,泥金是贴金的九倍。所谓"满扫金",就是椁通体全部扫金。至此,慈禧的外椁原来的颜色也就清楚了,应该通体都是金色。宣统元年(1909)八月二十一日酉时,外椁又由喇嘛在椁的前后左右四面,用藏文分别缮写了四天王咒,即北方多闻天王、南方增长天王、东方持国天王、西方广目天王。

在地宫内,木工们修复慈禧棺椁外椁时,因为当时购买金箔很不容易,且用量极大,花费又大,工艺又高,又一时找不到会扫金技术的师傅,用铜粉代替也不合适,所以只好先用红漆涂之,待以后有了资金、有了技术时再扫金。以至于现在的慈禧棺椁有的地方是红色,有的地方是金色。

因当时急于清理修缮慈安陵，必须在"五一"节开放，所以慈禧内棺当时没有来得及清理，想等以后有时间时再清理。因此只将修复好的外椁套在内棺上，安放在棺床的正中，供人们观看。慈禧尸体是否存在，是否保存完好，当时还不知道。

两份藏宝图的推断

地宫藏宝一直以来是人们所关注的重点和热点，不仅仅是其市场价值，重要的是文物价值和历史意义。

清朝地宫的藏宝，大多数是指棺内的珍宝。地宫其他地方除了金井之外很少有记载。慈禧的地宫也不例外，这次清理慈禧地宫则再一次证明了这点，即清陵地宫藏宝，广泛意义上是指在棺椁内的陪葬品。

关于慈禧地宫的藏宝，一直引起人们关注的是世间存在的两份地宫藏宝的记载：清宫档案的《内务府簿册》和民间流传的《爱月轩笔记》。这两者记载的内容不仅在数量上差距很大，而且所记载葬宝的品种几乎完全不一样。

对于慈禧的藏宝，其权威性不容置疑的清宫档案《内务府簿册》记载：

> 殓入棺中珠宝玉器有：正珠、东珠、红碧玺、绿玉珊瑚寿字、珊瑚喜字、珊瑚雕螭虎、龙眼菩提等朝珠。大正珠、正珠、东珠、红碧玺、紫碧玺、绿玉莲子、珊瑚圆寿字等念珠。绿玉兜兜练。正珠挂纽。金镶正珠、金镶各色真石

珠、金镶珠石、金镶各色真石、白钻石葫芦。金镶红碧玺正珠、金镶籐、镀金点翠穿珠珊瑚龙头、白玉镶各色真石福寿、绿玉镯。正珠、东珠、金镶正珠龙头等软镯。绿玉、茶晶、白玉皮、玛瑙等烟壶。洋金镶白钻石、洋金镶珠带别针等小表。洋金白钻石宝桃式大蚌珠、白玉羚羊等别子。白玉透雕活环葫芦、绿玉透雕活环、珊瑚鱼等珮。汉玉珞、汉玉仙人、汉玉洗器。白玉猫、黄玉杵、汉玉针、汉玉羚羊、雕绿玉扳指。蓝宝石、红碧玺、紫宝石、祖母绿、茄珠、大小正珠、绿玉、蚌珠、绿玉镶红碧玺等抱头莲。珊瑚绿玉金镶红白钻石等蝙蝠。金镶红白钻石蜻蜓。金镶白钻蜂。红碧玺、绿玉穿珠菊花。金镶各色珠石万代福寿。金镶钻石等冠口。金翠珠玉等佛手簪。红碧玺、绿玉、珊瑚、红蓝宝石、红白钻石、子母绿等镏。黄宝石、钻石、红碧玺、白钻石、大正珠等帽花。

民间李连英侄子李成武所著《爱月轩笔记》对慈禧地宫的葬宝也有详细记载：

  太后未入棺时，先在棺底铺金丝所制镶珠宝之锦褥一层，厚约七寸。褥上覆绣花丝褥一层，褥上又铺珠一层，珠上又覆绣佛串珠之薄褥一，头上置翠荷叶，脚下置一碧玺莲花。放好，始将太后抬入，后之两足登莲花上，头顶荷叶，身着金丝串珠彩绣礼服，外罩绣花串珠挂，又用珠串九练围后身而绕之，并以蚌佛十八尊置于后臂之上。以上所置之宝系私人孝敬不列公账者。众人置后方将陀罗尼经被盖后身，后头戴珠冠，其旁又置金佛、翠佛、玉佛等一百零八尊，后足左右各置西瓜一枚，甜瓜二枚，桃、李、杏等宝物，大小二百件。后身左旁置玉藕一支，上有荷叶莲花等，身之右旁置珊瑚树一枝，其空处则遍洒珠石等物。填满后，上盖网珠被一个。正欲上子盖时，大公主来，复将珠网被揭开，于盒中取出玉制八骏马一份，十八玉罗汉一份，置后之右手旁，方上子盖，至此，殓礼已毕。

地宫发现的陀罗尼经被与《爱月轩笔记》中的陀罗经尼被的记载不谋而合，这似乎为《爱月轩笔记》的真实性提供了物证，因此有人称《爱月轩笔记》记载的是私人贡献的私档，不入公账；《爱月轩笔记》的发现则是对清宫档案记载的一种补充，两者都是真实可信的。

《爱月轩笔记》的作者据说是李连英的侄子李成武，李连英是慈禧生前最宠信的太监，并且还亲自参加了慈禧的入殓过程，对慈禧棺椁内的陪葬品都看得一清二楚，因此在事后将所见告诉了自己的侄子，由侄子李成武将其记录了下来。如果果真如此，那么《爱月轩笔记》的价值还是很大的。

另外，在孙殿英和一位参与盗掘慈禧棺木的连长的回忆中都提到了《爱月轩笔记》中记载的翡翠西瓜。并且孙殿英还提到慈禧棺椁内大约有五升多的珍珠，这与《爱月轩笔记》中的说法也基本吻合。而这些在清宫档案里面也没有提到。因此，从慈禧地宫发现的捻金陀罗尼经被，似乎从实物的角度印证了《爱月轩笔记》具有一定的真实性。

关于慈禧棺椁内葬宝的两份藏宝图，现在只能共同存疑。真实情况到底如何，还有待新的档案史料的出现。

揭开最后的面纱

慈禧作为中国封建社会一个贪婪、专权的女人，在政治上雷厉风行推行自己的主张，在生活上享受奢侈豪华的日子，她的陵墓也建得异常豪华奢侈，死后又将大批的珍宝带入地下供自己享受，将地宫变成富可敌国的珍宝库。于是，作为统治中国四十八年之久的"女皇"的慈禧的陵寝，其神秘性一直是人们最关心的热点。由于人们对慈禧的了解只是历史的记载和慈禧死后陵墓地面建筑的认识，所以人们无一例外地认为慈禧的地下宫殿也一定会超出想象的宏大、精美、奢侈。由于慈禧生前狡诈多疑，于是又将慈禧的地宫描述得神乎其神，机关重重、秘道种种。对于这些记载、传闻，慈禧陵地宫的清理开放，无疑是最好的说明。

地宫规制：慈禧生前曾花费十三年时间重修自己的陵寝，那么其地宫建筑规制如何呢？

尽管慈禧地宫已对外开放多年，但依然还有许多书在异想天开地胡编滥造。

一些书中这样写道：一进慈禧地宫，迎面有八口大棺材，劈开棺木，里面全是金银财宝，唯独不见慈禧尸身。又向前走，一道铁门挡住了去路。进入铁门，又见一道石门，打开石门才发现一具真正殓有慈禧的棺椁……

有的书中写道：进入墓穴内，迎面放置着长明灯。一直盛满植物油的大水缸内，满缸的油还没有燃掉多少就熄灭了。再往里走就到了地宫正室，则见西太后的棺椁高高悬空挂着，这被称作悬棺。待到把棺椁松了下来，用铁橇、铁钳把棺木层层……

据说当年曾与孙殿英有过接触的武汉绥靖主任公署法官戴少仑回忆说：

> 孙殿英认为康熙、乾隆和慈禧陵墓的殉葬宝物一定非常多，而且又都葬在东陵，是自己的领地，所以决定先从东陵下手。可是进入地宫的墓道石门，非常严紧，一时之间也想不到什么法子能够打开，而且石门枨轴是嵌在石壁里面的，一切盗墓工具都毫无所用，所以最后只好用爆破手段炸药来轰炸了。一霎时石块乱飞，烟雾升腾，用了一两百斤炸药，也不过只炸开一个仅可通人的洞穴。当时大家只好摸索着，蛇行前进。从这个洞穴过去，迎面是一条三十多级汉白玉台阶的墓道，里面的气氛非常凄凉、森然可怖。所以后来人们就用电筒照射。但是前方又是一座铁门，用炸药再次炸开铁门，一阵惨惨阴风就从门里吹了出来。走了不多远就是一个宽敞的所在，一字排列着八口棺木，里面不少珠宝首饰，可是都不是什么稀世之珍，衣着方面固然也都锦衣璀璨，至于气势排场不像有慈禧太后的遗体在内。于是大家在这个地方东打打，西敲敲，终于发现正中的玉石屏风响声与别的地方有点不一样。人们非常高兴，因为石屏后面果然有一座暗门，

慈禧地宫透视图

通过暗门是一座寝宫。殿内非常宽敞辉煌，正中停放一具巨型葫芦头（满式棺木前方都有一木制葫芦头）朱红亮漆金棺，比一般棺材要高大两倍有余。大家一看这种殿堂严丽的势派，一致认定是慈禧的棺材。

对于上述的各种奇谈怪论，笔者实在不屑一驳，只能一笑置之。

慈禧地宫由五券二门构成，其进深 24.81 米，落空面积 154 平方米。从罩门券至金券，均是石墙、石券顶、石墁地。只有隧道券是砖券，砖砌礓磜儿（台阶）。地宫的两道石门均是整块汉白玉石制成的，支顶石门的是"自来石"而不是"石球"。地宫金券（即正室）正中，北是石棺床，棺床正中停放着慈禧的棺椁。金券两旁各有一个石雕须弥座形的册宝座。墙面、券顶、石门等处也没有雕刻。地宫地面上有六个排水地漏，在其下面设有两条

慈禧陵龙山石正面

慈禧陵龙山石侧面

慈安陵龙山石

龙须沟[1]，一旦地宫内出现渗水的情况，这些水便通过地漏流入龙须沟，排到陵外，以保持整个地宫的干燥。地宫内没有设机关暗道和弓箭。

慈禧地宫是仿照道光帝的慕陵地宫建造的，地宫规制属于超越清朝标准的皇后陵地宫，但并不奢侈豪华。

地宫龙山石： 龙山石就是为了固定棺椁的卡棺石，上面雕刻云龙和海水江崖。有的棺椁用四块，每角一块。有的棺椁用八块，每角二块。慈安陵和慈禧陵每陵各为四块。在营建陵寝时都已雕制好，但两陵的龙山石的做法也不一样。慈安陵的龙山石有榫，而慈禧陵的则没有。令人不解的是，这些龙山石在慈安和慈禧入葬都没有使用，不知何故。

金井内的珍珠手串： 为了镇墓、驱邪、息壤，在陵寝建成后至墓主人入葬前，要往金井内放一些珍贵的物品。慈禧陵建成后，慈禧曾先后六次往金井内放了三十件珍贵物品。光绪十六年（1890）闰二月十九日，第三次放入金井的五件物品中有一件价值连城的珍珠手串。对于这件手串，清宫档案是这样记载的：大珠子手串一盘计十八颗。红碧玺佛头塔，绿玉双喜背云，茄珠坠角二个，珊瑚宝盖，绿玉、珊瑚杵各一件，绿玉结二十个，小正

---

[1] 龙须沟：地宫下向外排水的地下暗沟，自道光皇帝的慕陵开始设置。清代皇家陵寝依山而建，又修筑了许多高台、泊岸，层层加高，使前后地面落差增大。后部的地宫虽深在地下，但地宫内的地面实际比陵院前的地面还高。古代建筑师就利用这个特点，在地宫下面修筑两条暗沟，左右延伸到地宫外，形如龙须，故名。地宫内各券堂均在适当位置的地面或墙根留有一些漏水孔眼，与龙须沟上下相连通，将渗入的积水导引出去，避免积水淹没棺椁。地宫里的漏水孔眼称为"龙须沟眼"，呈圆形古钱状的又称为"古老钱"；凿在墙壁脚下的称为"鱼门洞"或"云洞"。龙须沟眼有一定配额，皇帝的地宫为七对，皇后的地宫为三对，妃的地宫为两对，嫔的地宫为一对，贵人、常在、答应等砖池则不设。

珠四颗。

在光绪二十四年（1898）闰三月初五日，慈禧秘密派人到东陵从金井里取走了这件珍珠手串，之后无论在清东陵还是皇宫中，再也不见这手串下落的记载。慈禧既然已把手串放入金井中，为什么又派人秘密取出？她有什么急用？后来这件珍珠手串去了哪里？这些还都是谜。

慈禧、裕陵地宫被盗先后顺序：1928年，孙殿英匪军用了7天7夜的时间盗掘了乾隆帝裕陵地宫和慈禧陵地宫。两陵地宫，是先后被盗掘的还是同时被盗掘的，这一直是一个困扰人们多年的谜。经过实地考证和分析文献后认为，先盗的慈禧陵，后盗的裕陵。理由如下：

慈禧陵地宫有两道石门，从现存石门上的残破痕迹上分析，匪徒在打第一道石门时，曾用斧子之类的工具凿砍石门边棱，想凿透而进。还未凿透就发现门后有一块条石顶住了石门，于是停止了凿门，采用从门缝顶倒门后条石的方法打开了第一道石门，由此找到了打开石门的窍门。因此，打开第二道石门时如法炮制，很容易就打开了，所以第二道石门棱没有被凿的痕迹。

从慈禧地宫石门只有第一道损坏，乾隆陵地宫前三道石门都

慈禧陵地宫头道石门西门扇下部被凿坏

没有损坏，以及乾隆陵地宫中发现的慈禧地宫遗物来分析，表明盗匪利用开启慈禧地宫石门的方法顺利打开了乾隆陵地宫的前三道石门，但第四道石门由于被乾隆帝棺椁堵住才被炸坏，所以在时间上来说，慈禧地宫是先被盗的。

第九章
意外的发现

慈禧陵地宫虽然清理了,但是由于时间的关系,慈禧内棺并没有得到及时清理和保护。后来,清东陵将慈禧地宫的那口棺椁打开了,发现了一具完整的女尸。社会上的一些关于慈禧遗体的流言,不攻自破。一盘珍贵的记录慈禧内棺清理的录像带,经过当年工作人员的多次奔走,终于回到了清东陵。

慈禧:一具完整女尸

1979年4月8日,慈禧陵地宫对外开放了,正如预期的一样,人们从四面八方蜂拥前来参观,清东陵的历史研究和文物保护也冉次提到了历史最高水平,旅游业和陵寝研究都赢得了空前的发展,清东陵再次引起人们的广泛兴趣和激情。

然而,人们在参观慈禧陵地宫后,除了内心无限的感慨,还不免有一丝遗憾:这就是历史上大名鼎鼎、穿金戴银的女人慈禧墓吗?怎么就只有一口棺材啊?于是,各种谣传和绯闻慢慢地冒出来:慈禧墓被盗的时候,老妖婆嘴里含着的一颗大夜明珠被盗走了;老妖婆被奸尸了;藏在老妖婆阴门、肛门的珠宝也被盗走了;

老妖婆的尸体也被喂了狗，地宫里现在就是一口空棺材……

原来，孙殿英盗慈禧地宫之后不久，住在天津的溥仪派来了办理陵寝善后重殓尸体的人，在这些人的日记里面也明明记载着重殓慈禧尸体的全部过程，并最后封堵了慈禧陵地宫盗口。据传，这些人走了之后，当地一些人和土匪再次打开慈禧陵地宫，对地宫进行了多次洗劫，期待得到新的发现。直到1952年清东陵保管所成立之后，地宫盗口才被彻底堵上，在长达二十四年的时间里，人们可以自由出入慈禧陵地宫。而清理地宫的时候，为了抢时间抓紧开放，当时并没有清理慈禧内棺，所以慈禧地宫里面到底有没有慈禧尸体，还真的很难说。

既然清理地宫的工作人员都说不好慈禧尸体是否还存在，那么关于慈禧尸体的传闻便越传越神秘了，慢慢地，传说就形成了一个故事：

孙殿英带领匪兵们闯进了慈禧陵地宫，炸开了石门，揭开慈禧的棺盖，有士兵发现慈禧嘴里含有珠宝，当撬开慈禧的嘴巴时，他们眼巴巴地看到那颗大珠子咽到喉咙里去了，匪兵们急红了眼，硬是用手捏着慈禧的下巴，想把大珠子从喉咙里抠出来，可是尸体却把大珠咽到了肚里。匪兵们不甘心，为取出那颗宝珠，他们把慈禧的尸体连拖带拽，拉到院子里，将慈禧尸体大头冲下，倒悬在松树上，然后用大木板子拍打尸体，一连几十大板，那颗宝珠才由慈禧嘴里吐出来。搜刮完珠宝的尸体也没有用了，为了销毁证据，他们把尸体丢进荒山，喂了野狗。

另外还有一种说法：匪兵们搜刮完慈禧尸体上的珍宝后认为没用了，将慈禧的尸体从山上扔到山坡下，一个当地打柴的人发现后，将慈禧尸体掩埋了。1979年，慈禧陵地宫打开后，发现没有尸体，这才在当地人的带领下，找到慈禧尸体，将其重新安葬进地宫。

种种奇谈怪说，不一而足。

1983年旅游高潮逐渐回落。这年入秋以后，旅游开始进入淡季，清东陵文物保管所又开始谋划下一步的文物保护和旅游开发工作。

这时，有人提议：应该利用旅游淡季，清理慈禧内棺。如果发现尸体，就对慈禧的遗骨进行科学考证，利用现代技术再现其生前容貌。在隆恩殿内展出慈禧的塑像，或将塑像放在棺内，仰身直卧，如同当年大殓时的样子，再将棺椁的一侧打开，安上玻璃，让游人从外面观看。这样可以让人们对清朝葬制有进

慈禧陵前景

一步的了解。对于这一提法，所里的干部职工虽然也很想看看慈禧尸体，但也有所顾忌：因为大家知道，当年开启慈禧陵地宫时就费尽了波折，如今要清理慈禧棺椁，是否需要重新请示？是否……

提此建议的人见大家对这项大胆的想法没有任何赞同和积极响应，为了说服所有的干部，也为了自己的这种说法能成立，不久，他就从陕西西安请来了一位造型专家。据说，这位专家能根据人的骨骸复制出其生前体形和相貌。果然，这位专家到达清东陵文物保管所办公室后，拿出一个包来，打开之后，竟然是一只人手，在场的人都被吓了一跳。这位专家告诉大家不要害怕，说这是只假手。就是这一只假手，使大家无不佩服现代复制技术的高超。

为此，清东陵文物保管所多次开会讨论研究清理慈禧内棺和复制慈禧原貌等问题。大家一致认为，慈禧陵地宫早在1979年2月就已被批准清理，内棺本应同时得到清理，只是当时时间紧迫，才被迫推迟。如今正值旅游淡季，有了较为充裕的时间，正是清理慈禧内棺的好时机。这时的清理，实际上是1979年清理地宫工作的延续，况且棺内珍宝早在1928年就已被盗掘一空，据目前掌握的情况，溥仪派人重殓时，只是将慈禧遗体及几件衣服殓入棺内，没有放置任何珍宝。在这之后，地宫又被多次扫仓，棺内很有可能已经什么都没有了。即使有也就是一些骨头，最多也不过就是一具尸体罢了，不存在文物保护问题。再者，慈禧陵地宫自开放以来，值班人员多次见到地宫里面有老鼠出没，有时竟从棺椁里钻进钻出，棺内很可能存在鼠窝。于是，与会者一致认为：为了更有效地保护慈禧棺椁，清理慈禧内棺势在必行。

12月初，清东陵文物保管所做出正式决定：清理慈禧内棺。1983年12月6日下午，慈禧陵地宫对外关闭了，清东陵保管所开始正式清理慈禧棺椁，其人员组成仍为清东陵文物保管所的领导和一些职工。

在慈禧陵地宫里，清东陵的工作人员将外椁抬起，放在一边，露出内棺。内棺通体朱漆，顶部四面收起，呈坡状。棺长225厘米，前高98厘米，后高91厘米，前宽128.5厘米、后宽123厘米。四壁内外均阴刻藏文佛经，填以金漆。棺盖上表面以卍字锦文为底，上阴刻藏文佛经，九尊团佛和凤戏牡丹图案，内棺基本完整。

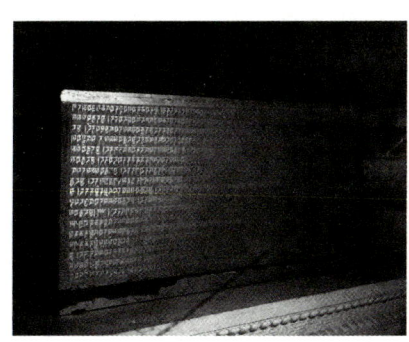

慈禧内棺（老照片）

工作人员抬起慈禧内棺棺盖旧影（老照片）

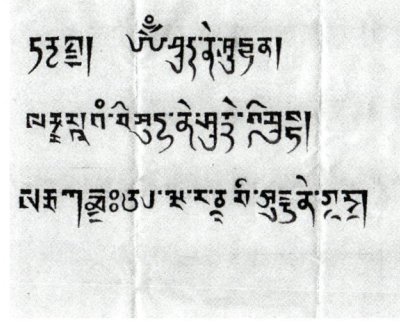

慈禧内棺陀罗尼经绂上的文字

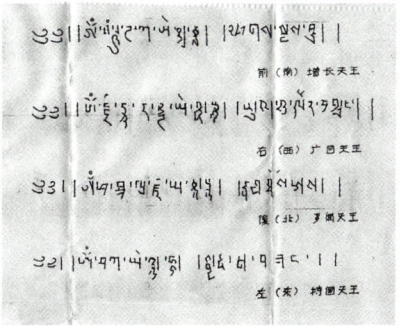

档案上记载的慈禧内棺文字

抬外椁时在棺和椁之间的空隙里发现了一堆被老鼠咬碎的纸、碎果皮等。此时最激动人心的时刻终于到了。大家小心翼翼地启动棺盖，将棺盖抬了下来，与此同时，众人将目光一起投入棺内。然而，让人意想不到的是，慈禧棺内不是人们想象中的那

凤戏牡丹图，慈禧棺盖上的图案之一

样是一堆枯骨，而是被一件黄缎大被盖住。被上是黄缎袍，袍上是一件蓝缎坎肩。见此情形，大家马上得出结论：这是1928年溥仪派人重殓慈禧时的原状，尚未被人破坏过。于是，众人立即将棺盖又盖上，退出地宫，并关闭了慈禧地宫入口，派专人把守。

当夜，保管所的领导开会决定将这件事迅速上报国家文物局和河北省文化厅。

大约一个月后，国家文物局派来了五名专家与东陵保管所组成一个"清理慈禧内棺小组"，决定对慈禧尸体进行防腐处理。"清理慈禧内棺小组"共有十几个人。

1984年1月5日，正式清理慈禧内棺。其中清陵学

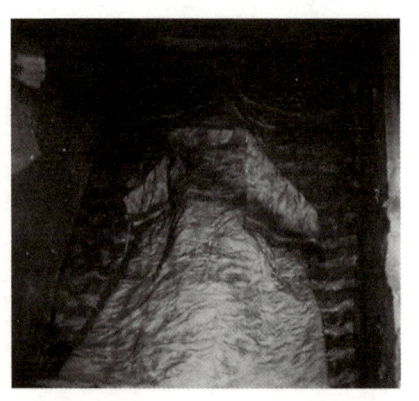

慈禧内棺开棺时全景（1984年）

者徐广源先生就是这个小组的成员,专门负责清理棺内。当时清理慈禧内棺的情形,据徐广源先生回忆:

> 在摄像机的照射下,我依次揭取坎肩和黄缎袍。在黄袍下,黄缎被上发现一个黄绸小包。我打开包,里面是一颗牙齿、两节指甲,这和当年曾参加慈禧陵重殓时的耆龄所写的《东陵日记》完全相符。被的中部是一南北方向的隆起,这下面就是遗骸。我用纸筒把黄缎被慢慢卷下,下面是一具尸骸,脸和上身用黄绸包裹,下体穿着裤子,已严重褪色,一时难以分辨原来的颜色,裤子上绣满"寿"字。双脚裹着黄绸,揭开上身黄绸,慈禧的尸骸全部展现在众人面前,头北脚南,仰身而卧。头微偏左,有些花白的头发,上身裸露着,下身穿着裤子。右脚上穿着一只白绫袜,袜底长19.5厘米。其皮肤贴在骨头上,已成干尸,但又与一般干尸不同,十分干脆,局部多有裂口,如同干牛粪一样。头骨右侧有稀疏白发,左侧黑发散在胸上,右上肢搭在腹部,左上肢自然垂直在左胯外侧。两眼深陷成洞,腰间扎一丝带。遗骨完全连在一起,尸体全长153厘米。尸身上盖着一件黄缎被,一件黄袍,一件马褂。尸体下面铺一蟒缎褥,下面是一块

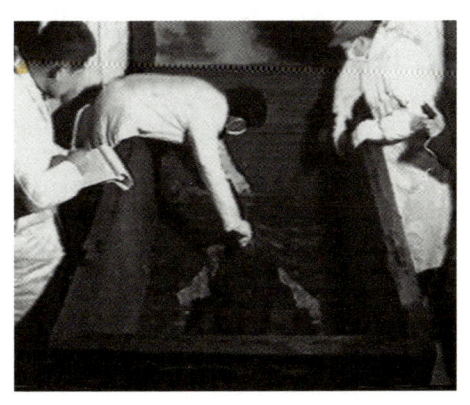

徐广源正在慈禧棺内测量

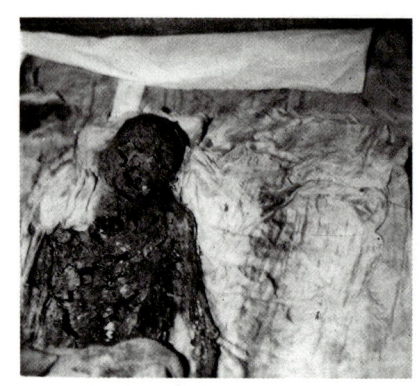 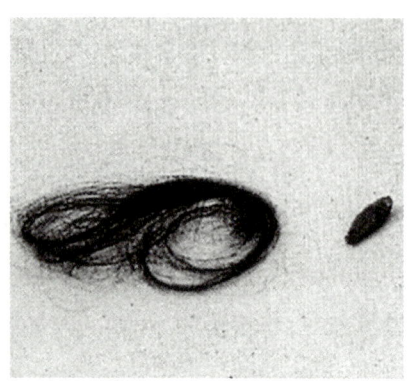

在地宫里发现的慈禧的尸体、头发和牙齿（老照片）

长条木板，是当年抬尸体用的。我们也用它把尸体抬出棺外，板下铺着一层大约10厘米厚的锯末状的物质。文物局的专家们在棺内喷洒了防腐消毒液，然后又将尸体放回，棺内物品按照原样依次放回原位，专家又喷洒了一次药，盖上棺盖，套上外棺，木工对破碎的外椁进行修补，清理工作整整进行了一天。

根据慈禧尸体153厘米的长度，估计慈禧生前的身高大约为160厘米左右。如今，慈禧遗体依然保存在棺内。

也许有人会问：慈禧遗体为什么是一具干尸没有腐烂呢？笔者认为，这与慈禧是死于痢疾有关。

经过对慈禧内棺的清理，纠正了民间一些不实传闻：

一是慈禧遗体依然完好，依旧保存在地宫棺椁内。

二是慈禧遗体在孙殿英盗墓时也没有受到人格上的侮辱。

三是慈禧的死属于正常病死。

四是溥仪派人重殓慈禧尸体后，地宫盗口虽被再次打开，但慈禧内棺没有被打扰。

国家文物局将清理慈禧内棺这一珍贵的历史过程用录像机记录了下来，录像带保存在国家文物局。

一盘录像带的故事

在清东陵已经开放的四座地宫中，唯一有录像资料的就是清理慈禧内棺。

作为当事人，清陵学者徐广源先生不仅经历了清理慈禧内棺的全过程，而且还亲手整理过慈禧的尸体。作为重要史料的一部分，清东陵也应该保有清理慈禧内棺的录像带的副本。因此他曾先后四次进京，经过多次周折，终于将清理慈禧内棺的录像带复制了一份带回了清东陵。

2000年8月6日，徐广源像往常一样，骑着红旗牌自行车很早地来到位于马兰峪塔山的清东陵文物管理处办公基地上班。

塔山，又称"堂子

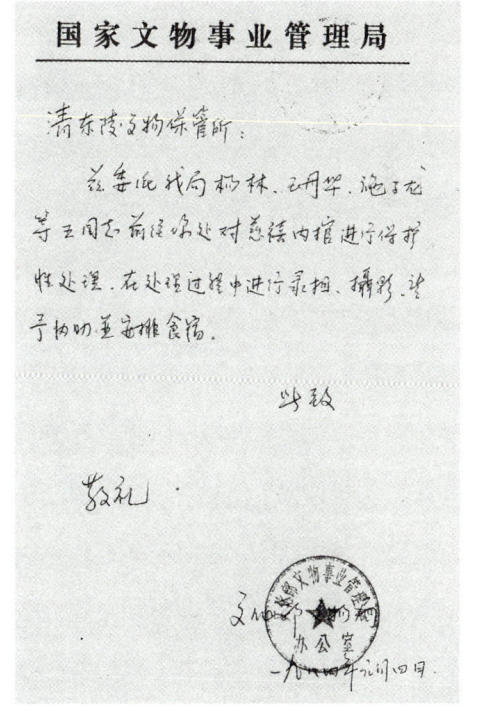

国家文物局录像人员介绍信

马兰峪塔山

马兰峪塔山上的永旺塔

山",是马兰峪南面的一座小山。因为马兰峪四面环山,其形状有如一艘船,据一位风水家说,如果不在马兰峪这艘船上安上一根桅杆,马兰峪人不但不会发达兴旺,而且随时会有被洪水冲走的可能。当地人据此在风水先生的指点下,在马兰峪南面的小山上修建了一座砖塔,以此来取风水相宜之意。还有传说,马兰峪塔山上有一个通着大海的海眼,用塔才能镇住里面的龙王,防止它在里面兴风作浪。到明朝时,小山上的砖塔因年久失修,摇摇欲坠。当地的乡绅带领百姓一直要求驻扎在这里的明朝大将戚继光为百姓重修砖塔。戚继光不负众望,自筹资金,将原先的小塔拆掉,重新修建起一座新的砖塔。当地人为了纪念戚继光的贡献,将砖塔称为"戚继光塔",将此塔坐落的小山称为"塔山"。

徐广源来到自己的办公室,像往常一样,沏了一杯浓浓的茶水,从书柜中拿出一册抄录的清宫档案,打开笔记本,开始了一天的工作。

每一个搞研究的人都知道,研究清朝历史或者陵寝制度,都必须从最原始的清宫档案中搜寻查找。徐广源深知这是最简单而又最难做的事情,他早就为自己定下了这样的目标:在每天正式上班工作之前,必须读多少页的清宫档案,将其中有价值的内容记录下来,在完成自己当天的工作之后、回家之前,还要看多少页的《清实录》。徐广源喜爱清朝历史,研究清朝陵寝是他最大的快乐。看了没多久,便有领导找他。"老徐,有一个重要的事情,交给你去办!"领导正在屋子里走动着,"我和其他几个领导考虑了好几天,认为只有你才是办这件事的最合适人选。"

"让我办啥事?请领导吩咐!"徐广源回答道。

"就是找回清理慈禧内棺的那盘录像带。"领导停顿了一下继续说:"因为你不仅与国家文物局的人熟悉,而且你还是清理慈禧内棺的当事人,你办这件事最合适。办好这件事情对于咱们搞文物研究是很有意义的!"

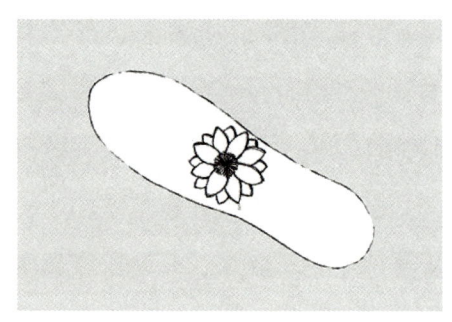

慈禧脚上袜子的画样

"我试一试吧?"徐广源心里有些没底儿。

"什么试一试,你一去保准没问题!"领导有些不满意地说。"你现在就去准备一下,明天就动身。能要回原带子更好,不中的话(当地土语,意思就是不行或不能的话)就复制一份。"领导不容置疑地说。

找回记录自己亲身经历的录像带,是徐广源早就想办的事。许多国内外的朋友都问过自己清理慈禧内棺时的情景,虽然可根据回忆,向人们详细解释,但人们还是对未能亲眼看一下当时的录像而感到遗憾。徐广源深知此事的难度:清理慈禧内棺距现在都已十七年了,国家文物局的人是否还记得这盘录像带?即使能找到这盘录像带,是否还能使用?国家文物局是否同意拿回或复制?这些都是问号。虽然自己与国家文物局的人很熟悉,但那只是私人之间的交情,这么大的事是不能光靠个人交情的……徐广源心中带着许多的问号出发了。

2000年8月7日上午10点30分,徐广源走进了国家文物局的办公室——北京五四大街路北的一幢红楼。在办公室里,徐广源向正在工作的几位年轻人打听曾参加过清东陵清理慈禧内棺的杨林，寻问清理慈禧棺椁录像带的下落。这几个年轻人的回答既简单又明了：不知道。这也难怪，打听十七年以前的人和事情，现在的年轻人有谁会知道或记得呢？当年的人要么退休，要么调动，都换了好几茬人了，物是人非，寻找起来确实很难。

徐广源带着无奈的心情走出了国家文物局，时间已经是上午11点多了。"先吃点儿饭，下午找郭旃处长打听打听"，徐广源心里想着。郭旃处长是国家文物局颇有声望的老专家，不仅才华横溢，而且平易近人。近几年来主要负责中国的世界遗产的申报工作，因为清东陵申报世界文化遗产，徐广源为撰写《清东陵世界遗产文本》没少找他，因此跟他很熟悉。

徐广源心里一边琢磨着事情，一边走着路，走着走着，他抬头一看，无意中来到了故宫博物院的北大门——神武门。故宫博物院是徐广源最熟悉不过的地方了，这里有许多他最好的朋友，素有他的第二工作单位之称。"找苑洪琪待会儿，一边吃饭一边向她请教个问题。"徐广源想到这里，抬脚向故宫院里走去。

苑洪琪是故宫博物院宫廷部副主任，也是我国清史专家，因为工作关系，与徐广源成为莫逆之交。

在故宫的隆宗门饭店吃饭的时候，徐广源与苑洪琪谈起自己的这次北京之行。这时门口走进一个人来，苑洪琪打断了徐广源的说话："帮助你的人来了！"徐广源回头一看，走进饭店的那个人他认识，是曾在清东陵工作过的国家文物局的高级工程师张生同。张生同近两年来正在主持故宫建福宫花园的复建工作。

"老徐，你不在东陵待着，跑北京干啥来了？"因为关系很熟，张生同与徐广源开起了玩笑。徐广源将自己来北京的事一五一十地告诉了张生同。张生同听了说："今天你遇到我，是你的福气。我知道你找的杨林在哪儿，他现在在历史博物馆（工作）呢！"随即张生同告诉了杨林的电话。这真是熟人多好办事呀。

吃过午饭，徐广源辞别了苑洪琪、张生同，找了个电话亭子，很快就联系上了杨林。杨林告诉他，录像带现在在中国文物研究所保管，该所现在已迁到北京北四环高原街 2 号了。

徐广源乘车赶到中国文物研究所，找到了研究所的吴加安所长，讲明了来意。吴加安所长非常热情，虽然他不知道录像带的事，但很热情地将徐广源领到文物资料信息中心办公室。经过办公室人员的查找，确定清理慈禧内棺的录像带就保存在他们那里，但是吴所长表示："原始录像带肯定不会给你们，能不能让你们复制，我们还得研究研究，一星期后听回话吧！"

虽然没能将录像带拿回清东陵，但徐广源心里依然很高兴："毕竟找到了录像带的下落了。"至于研究所为什么不将录像带给东陵，有可能出于以下原因：慈禧内棺清理行动虽然属于国家行为，是为保护而不得不采取的行动，但清皇室的后裔还在，慈禧的后人还有，考虑民族和个人的感情，录像带不宜流传到社会，包括她的陵墓地的管理者。

徐广源回到清东陵后将情况向领导做了详细汇报。领导让他死盯这件事，一旦有了回话，马上进北京。徐广源每天都在焦急地等待中国文物研究所的电话。一晃二十多天过去了，北京方面依然没有回音。清东陵的领导等着急了，让徐广源去北京问一问情况。

2000年8月29日，徐广源再一次进京。这一次，他直奔北四环高原街2号的中国文物研究所。刚走进研究所，遇见了郭旃处长的夫人、国家文物局高级工程师张之平。张之平认识徐广源，热情地将他领到了自己的办公室，并且又带领徐广源找到了吴所长。

"经过研究，我们同意你们将录像带复制一份，作为资料保存，供研究使用。但不能公开放映！"吴所长被徐广源的执着精神所感动，同时也表示了研究所的意见。

吴所长将徐广源领到资料信息中心去取录像带，但办公室的工作人员告诉他，保管录像带的同志到外地出差了，几天不能回来。同时对徐广源说："这种录像带不能拿到社会商业单位去复制，一是保密，二是防止录像带损坏，应该在较大的国营单位去做，最好到电视台复制。为了节省时间，先联系一下复制单位，等找好了复制单位，保管录像带的同志也回来了。"徐广源一听，研究所的同志说的在理，表示了深深的感谢。

从研究所出来，徐广源就想到了在中央电视台工作的朋友中央四台的编导于栋栋。于栋栋也是因工作关系与徐广源成为朋友的。中央四台在制作《千秋史话》节目时，经常到清东陵拍片子。徐广源找到于栋栋，说明来意，于栋栋非常痛快地答应了。

2000年9月15日，徐广源为录像带的事情，第三次进京。很快从研究所将录像带拿了出来，并为此打了一个借条，将录像带送到中央电视台准备复制。

2000年9月18日，中央电视台的于栋栋等人来清东陵拍片子，将原始的录像带和复制好的录像带交给了徐广源，徐广源将复制的录像带交给了单位领导。

2000年9月25日，徐广源随同中央电视台摄制组回到北京，第二天上午，将原始的录像带交还给研究所资料信息中心。因保管徐广源借条的人不在，一位自称刘志雄的同志代收了录像带，并为徐广源打了一个"已收回原始录像带"的收条。

为了寻找回属于东陵自己的录像带，徐广源先后四次进京，费了不少的周折。现在，那盘记录清理慈禧棺椁的录像资料带，保管在清东陵文物管理处的档案室里。

需要说明的是，中国文物研究所允许复制的录像带，只是一盘经过剪辑和配有解说词和字幕的录像带，也非最原始的录像带。原始录像带自清理慈禧内棺开始至结束有将近24小时的时间，因此录像带并非只有一盘，而应是多盘，应该还保存在中国文物研究所。

尾　章

　　慈禧陵地宫开放到现在已过去了四十余年，慈禧内棺的清理为人们解开了诸多历史之谜，更纠正了许多不正确的传说，但有关慈禧遗体的传闻却还在人为地继续着，并没有随着慈禧内棺清理的结束而终止。

　　有人根据慈禧遗体照片上的腮部有一道裂痕，就妄加猜测，认为慈禧嘴边的这道裂痕就是因慈禧嘴里含有一颗夜明珠，匪徒在取珠宝时，因一时无法取出，遂用刺刀将慈禧嘴部割大，才取出了夜明珠。甚至还有许多不明真相的人认为慈禧在死后不到二十年，尸体不但被奸污而且又挨了一刀。笔者仔细观看慈禧遗体照片发现，慈禧嘴边的裂痕是在左边，裂痕虽然很大，但根本看不出是被利器所致，感觉倒像是掰裂所致。如果匪徒用刀具之类刃器割开尸体嘴部，很有可能会伤及珠宝，只有用手撕裂才能减少珠宝被损坏的可能。匪徒盗宝，为的就是值钱的珠宝，珠宝坏了就不值钱了。至于慈禧尸体是否遭到污辱，无论这次清理慈禧内棺，还是从前溥仪派人重殓慈禧尸体，记载的均是慈禧尸体下身穿着裤子，上身裸露，脚上只穿着一只袜子。这可以说明，清理慈禧内棺时的遗体与1928年重殓尸体是一致的，慈禧没有被奸尸。经查找，慈禧被奸尸的说法来源于民国时期华北出版的《时事白话》，该记载称孙殿英投靠日本后，他在南京与汪精卫见面时曾讲过：他的部下见了慈禧太后的尸体，竟然想入非非，要做奸尸之事，后来有人劝阻，谓尸奸不利，乃停止云。从记载看，士兵要奸尸，但被制止了。再从清理内棺见到的慈禧遗体来看，他们有可能为了搜宝而将其上衣脱去。1928年溥仪派人重殓慈禧遗体时，没有重新给慈禧遗体穿上寿衣，尸体还保存原样，这点在当时的一些记载上有说明，清理慈禧内棺时也是看到的。因此，慈禧死后被奸尸一说，根本就是无稽之谈。

但笔者有一点不明白，那就是慈禧陵地宫被盗后，溥仪派人重殓了慈禧的遗体，将地宫盗口重新封闭，可是没多久盗口又被打开，而且长期敞着，那么人们为什么没有将慈禧棺椁打开？再者，慈禧的香册、香宝就放在地宫金券的册宝座上也没有丢失。与慈禧陵地宫同时被盗的裕陵地宫，人们在清理时发现，裕陵地宫曾多次被盗，与民间传说裕陵地宫被盗过多次是吻合的。另据清东陵现有档案记载，清东陵的很多地宫都被多次盗掘、清仓，难道慈禧陵地宫盗口常年打开就没有被扫仓吗？慈禧内棺能保存1928年重殓后的原样，确实令人不可理解。

由于笔者父亲徐广源的关系，很多读者都不止一次询问：在慈禧陵地宫里是否发现有慈禧美容秘籍？慈禧作为一个女人，爱美是绝对的，但据目前资料记载和笔者父亲的回忆，未曾在地宫和棺椁内发现有这方面的信息，也许当初就没有，也许是被盗走了。有一点要说的是，所谓的美容秘籍、化妆品在清宫档案和《爱月轩笔记》里都没有记载。

慈禧内棺的清理，从保护的角度来说，确实是必要的，是一件应该做的事情，当时除了对遗体进行保护之外，还取得了一些最基本的数据，以及一些历史研究证据。这些对于研究来说，都很有价值。

现在社会上关于慈禧出生地炒作得很是热闹。最引人关注的就是山西长治说，本书前文也说过了，长治为了说明慈禧是山西人，就说慈禧是汉人而不是满人。笔者有一好友王志阁，曾与山西长治的刘奇有一面之识，刘奇坚称慈禧是山西长治人。我一笑："慈禧乃历史名人，地方经济利益所致，皆争之。争慈禧故居不如争慈禧出生或死亡地点，实乃地方和个人炒作耳。"据王志阁先生说："刘奇本人也承认，他所掌握的所谓证据，都是别人搜罗来，属于他自己的文字不过两千。刘奇自己曾说，正因为是历史，很多事情都不好说，假如能证明慈禧是大小脚，那就能说明慈禧是满人还是汉人。是满人的话就不可能是山西长治人。"众所皆知，满人是天足不裹小脚的，而汉人是"三寸金莲"。慈禧到底是大脚还是小脚，看看遗体就知道了。据记载，慈禧遗体的脚上穿着袜子，袜底长 19.5 厘米。也就是说：慈禧的脚大约长 19.5 厘米。还有就是慈禧生前穿过的鞋，也可以证明慈禧生前脚的大小，相信人们看到那双鞋，也会知道慈禧是一双天足。此外，在美国

尾章

女画家卡尔的回忆中也记载慈禧是天足。

另外，在互联网上清陵论坛的一些会员来到清东陵，一些当地人出于炒作的目的，很神秘地对那些年轻人讲，慈禧地宫石壁上惊现慈禧头像，这种现象在阴雨连绵的时候会更明显。在这里，笔者想对一些想探奇的人说，慈禧陵地宫在阴雨连绵的季节，地宫石壁上出现一些潮湿后的颜色深浅不同的阴影是正常的，是石块质地不同，密度不同，受雨水侵蚀度不同造成的。即使有这种现象也很正常，因阴影形成的图像可以凭人的神游遐想，说像什么都是可以的。

每一座帝王陵墓，都是生者苦心营造的另一个世界，是一部写在山水间的历史。它们的存在，记录的是一个朝代的发展进程，是生者与死者对话的场所，是生者对未来生活渴望的继续。而慈禧陵，则是一个被女人用黄金和白银收买了人们记忆的地方。

参考文献

《清实录》，北京：中华书局，1985年11月。

《清皇室四谱》，唐邦治 编，上海：上海聚珍仿宋印书局，1923年10月。

《清史稿》，赵尔巽 主编，中华民国初年清史馆编修，北京：中华书局，1977年8月。

《慈禧出生在乍浦》，陈宰 文，北京：《紫禁城》杂志2003年第三期。

《东陵盗宝》，克诚 等著，长沙：岳麓书社，1986年7月。

《西太后》，俞炳坤 等著，北京：紫禁城出版社，1985年12月。

《正说清朝十二帝》，阎崇年 著，北京：中华书局，2004年3月。

《清朝皇帝列传》，阎崇年 著，北京：紫禁城出版社，2007年4月。

《慈禧大传》，徐彻 著，沈阳：辽海出版社，1994年6月。

《正说清朝十二帝陵》，徐广源 著，北京：新世界出版社，2006年1月。

《正说清朝十二后妃》，徐广源 著，北京：中华书局，2005年8月。

《清东陵史话》，徐广源 著，重庆：重庆出版社，2017年4月。

《大清皇陵探奇》，徐广源 著，沈阳：沈阳出版社，2016年9月。

《清宫旧影珍闻》，左远波 著，天津：百花文艺出版社，2003年7月。

《中国皇帝与洋人》，郭福祥、左远波 著，北京：时事出版社，2002年2月。

《铁腕政治家西太后》，何虎生 著，北京：中国工人出版社，2001年1月。

《清皇陵地宫亲探记》，徐广源 著，北京：新世界出版社，2017年9月。

《日暮东陵》，岳南 著，北京：新世界出版社，1998年4月。

《在太后身边的日子》，德龄、容龄 著，北京：紫禁城出版社，2011年12月。

《大清皇陵秘史》，徐广源 著，北京：学苑出版社，2010年1月。

《美国女画师的清宫回忆》，（美）凯瑟琳·卡尔 著，王和平 译，北京：紫禁城出版社，2010年1月。